天下雜誌
觀念領先

稻盛和夫
工作的方法

・了解工作的本質，實踐自我，從平凡變非凡的成長方程式・

稻盛和夫——著　彭南儀——譯

目次

第三章　透過工作才能到達的境地　109

——設定目標然後努力達成，無論工作還是人生都適用這個規則

第四章 **每一個今天都全力以赴** 141

——持續就是力量

作者序

為什麼要努力工作？

不分地區、不論性別、不管年齡，我們正面臨前所未見的世界，正因如此，幾乎所有人都感受到茫然、無措。

身處於找不到明確指標的環境中，面對著少子高齡化、人口減少和地球環境惡化等過去未曾經驗的難題，借此機會人們也紛紛重新檢視自己的價值觀。

這些價值觀中也包含工作的心態。工作在多數人的人生中佔有相當大的比重，但不知道從何時開始，愈來愈多人不知道自己為什麼工作，甚至嘲笑努力工作的人，認為投入工作的人反而是在浪費人生。

甚至有不少人認為「竭盡所能工作」、「透過工作實踐自我價值」等行為是沒有意義的，也有不少人一提到工作就滿口抱怨，認為：「工作只會帶來痛苦，根本不可能從中獲得成長的養分」。

所以，有愈來愈多人抱著靠股票交易「輕鬆賺錢」的美夢，或是不惜投身風險企業，希望自己在人生的上半場就能賺進大把鈔票，並以壯年之時即可退休為目標。

這真的是你想過的人生嗎？

除此之外，我們還可觀察到許多他們害怕工作的傾向。

有些人覺得進入社會工作，就會失去自主性，只會被剝奪、剝削，還不見得能溫飽。因此，他們不願意去找工作，只想躲在父母的庇蔭下成天無所事事；再不然就是漫無目的，以打零工或找臨時的工作勉強維持生計。當然，這與社會環境的改變脫不了關係，也不見得所有人都是自願選擇這樣的工作方式。但也可以由此推論，在如此不穩定的狀態下過日子，人們會有多茫然、徬徨。

在這樣的氛圍下，許多人甚至將工作視為人生不得不的苦行，為了維持生計或為了不讓別人說閒話，做著薪水勉強能溫飽的工作，對工作內容可能說不上喜歡，也不是討厭到做不下去。為了排解工作上的苦悶、生活中的突發狀況，於是需要更多的小確幸、療癒和舒壓小物來緩解平日的壓抑。

先不論工作辛不辛苦，但如此壓抑的生活模式，光用想像的就足以令人窒息了。這真的是你想過的人生嗎？

光是用想像的，就能感受到這樣的生活型態有多辛苦，更別提如何實踐自我或成長了。常聽人說「人生只有一遭，無法重來」如果就這樣庸庸碌碌地過完一生，想來是令人滿遺憾的。

工作是人格熟成的催化劑

如果工作這麼苦，人生這麼難，為什麼還需要努力工作？實際上，工作反而是帶你跨越一切苦難的最佳途徑。當你全心全意地投入工作，看著設定的目標一個一個成功，跨越一件一件看似不可能的挑戰，把計畫從零到一的做出來，這其中所需的能力、成就感都是無可比擬的，也許你會因此獲得提拔，因此得到更多的報酬，但那些不斷累積的自我肯定，挫折後的重新出發，不僅能幫助你突破工作上的難關，更能增加你面對人生難題時的韌性，淬煉成更出色的人。

工作不會只帶來苦難與折磨，人生也不只是為了延續生命而已，若缺乏目標、理想與自我實踐，活著可能反而像在地獄。然而若能善用工作練習處理問題的能力、面對問題的心態，這過程將幫助你更穩健、成熟且宏觀地面對人生中的種種挑戰，迎來真正成熟、穩健的心性，我認為這才是真正的成熟。

我希望透過這本書，分享我的工作經驗，安慰對工作、人生感到迷惘的人，這些迷惘我也經歷過、想要逃避過，而跨越迷惘最好的方式，其實就是更認真、全力以赴地工作。也鼓勵正在努力工作的人們，你們非常的了不起，因為你們正在實踐「認真專注做好一件事」的精神，努力終將得到回報。

工作是良藥，還能治百病？

在我漫長的工作經歷中，經常有人問我：「為什麼要工作？」我都會這樣回答：「因為工作是治百病的良藥。」——它是能夠克服一切試煉，讓人生好轉的靈丹妙藥。

我們的人生建立自各種各樣的苦難之中。

明明非我們所願，也不是我們故意去招惹，可是意料之外的不幸總是紛至沓來。當這些苦難和不幸無情地捉弄人時，往往我們會怨恨自己的命運，甚至招架不住，被命運徹底擊倒。

而能帶我們跨越一切苦難的，正是工作。其實「工作」本身潛藏著美好的力量，可以克服上述嚴峻的命運，幫助我們把人生轉變成充滿光明和希望。回顧我的人生，不斷印證了這個事實。

我年輕時經歷過許多次挫折。

首先，我考國中時慘遭滑鐵盧，然後，我得了肺結核，在生死邊緣走過一遭。之後再度抱病參加國中入學考試，可惜還是鎩羽而歸。屋漏偏逢連夜雨，戰禍把我的家也燒掉了，讓我沒了安身之所。

在我約莫十五歲的幼小心靈裡，我總為自己的時運不濟而暗自神傷，不過試煉並沒有就此打住。

不管是唸大學還是找工作，我都無法如願以償。

沒有考上第一志願的大學醫學部後，我只好去念當地大學的工學部。

雖然我重振精神、孜孜矻矻用心學習，也得到了校方拍胸脯保證，可是所有向大型企業遞出的履歷，都石沉大海。

最後總算經由老師的介紹，我到了一家位於京都、專門生產絕緣器（支撐電線，裝設在鐵塔或電線桿上用以絕緣的陶製器具）的小公司上班。但是，那是家朝不保夕、即將破產的赤字公司。發薪日當天，我沒能拿到我的第一份薪水，公司告訴我說：「再等一下吧！」

二十三歲的我，正值人生揚帆啟航之際，卻滿懷黯然的心情，慨嘆著自己的命運：「為什麼苦難和不幸接二連三地降臨在我的身上？往後我的人生會是什麼模樣呢？」

無法迴避宿命，但能隨意志改變命運

但是，我就憑藉著一件事，完全改寫了原本慘不忍睹的不幸人生。那也不是什麼大不了的轉變，我只是改變了意念，從找到一份工作能溫飽就好了，改變成：「我想專心做好這件事，全力以赴地完成。」於是不可思議的事情發生了。我人生中本來只會轉向苦難和挫折方向的齒輪，竟開始轉向好的一方。

於是，往後我的人生也一百八十度地轉變，到處充滿著美好與希望，好到連我自己都不可置信。

或許現在也有人在不明白工作真諦的狀況下從事自己的工作，因此而煩惱、受傷、怨嘆。我希望這些人務必仔細理解：所謂「工作」正是用來克服試煉，讓命運好轉的「治百病良藥」。

然後，請試著更積極投入自己現在的工作，如果能夠到達忘我的境界更好。如此一來，不但可以克服苦難和挫折，應該也能夠開創出一片以前不曾想像的嶄新未來。

我由衷企盼透過這本書能夠讓更多的人找到自己「工作」的意義，並且從此過著幸福璀璨的人生。

第一章

工作可以得到什麼？

這世上賺錢的管道很多，
但有兩件事只有工作才能給

品格與尊嚴

工作究竟為了什麼？

泰半的人認為理由是「為了賺錢」。意即為了維持生活的基本開銷，例如吃飯、付水電房租、繳納各種費用等，才是勞動的價值所在、工作的目的。

這樣想也沒錯，工作的確是為了賺錢以維持生活的基本。

如果從更廣大的層面來討論這件事，也許你會有不同的想法，在自然萬物中為什麼只有人類需要工作？如果只是為了溫飽，其他的動物不工作也都能養活自己，甚至能組織家庭、繁衍後代，為什麼只有人要工作？

人類是為了「提升性靈」而工作的——我總是這麼想。

「提升性靈」是件極為困難的事，即便是出家人長年苦修，也很難達到此境界，可是就在工作裡，蘊藏著成就「提升性靈」的偉大力量。

而工作的意義便存於此。

每一天竭盡所能地工作，其中就包含鍛鍊我們的性靈、提升我們人性的作用。

從前，我曾在電視的談話性節目中，聽到一位專門修繕寺院宮殿的木匠師傅講了一番話，深受感動。

勞動的目的是為了溫飽，工作的追求則包含靈性、人性的提升。

「樹木是有生命的，我們工作時必須傾聽那生命對我們訴說的聲音。」、「既然要使用樹齡千年的神木，就必須從事能夠通過千年歲月考驗的偉大工作。」——木匠師傅如是說。

如此沁人心脾、感人肺腑的話語，若不是終其一生正面面對自己的工作、不斷持續努力的人，是絕對講不出來的。

工作，就是將一件事做到透徹

所謂「窮究木匠的工作」，不僅只是單純地磨練使用刨刀、完成「雄偉建築物」的技術，還要磨練性靈，成就「卓越良善的人性」——我從木匠師傅的話語中深刻感受到這個道理，真是感動莫名。

這位木匠師傅據說打從國小畢業一直到七十來歲，都擔任修繕寺院宮殿的工作，終其一生不改其志。如此漫長的歲月裡，只努力貫徹一件工作，想必過程中也會有苦痛、倦怠，或是想要放棄的辛苦吧！我認為一邊克服這些辛苦，一邊專心致志於工作，才使他培養出了不凡的人格，講出如此豐富又深具內涵的話語。

如同這位木匠師傅，把自己的一生獻給一個職業，不斷勤勤懇懇、腳踏實地工作的人物，我深深為之吸引。

人格的份量及其無可撼動的真實感，是唯有透過全心全意持續地工作，磨練出自己心志的人們才得以具備的——每次接觸到這種人，我都會重新思索工作的意義，而再次被其中的高尚尊貴震懾。

或許，偶爾你的內心會浮現「到底工作所為何來？」的疑問。那時，請記得一件事。便是：

工作是為了鍛鍊人類、磨練心性，以獲取「人生中有價值的東西」所做的高貴且最重要的行為。

工作心態決定你是誰

為了實現「好好活著」的目的，「認真工作」是最重要的。

說它是提升性靈、磨練人格的「修行」亦不為過。

大概是距今十年前的事吧，當我和德國領事對話時，我聽到他講了下面這番話：

「勞動的意義不僅在於追求業績，更在於個人內在的完成。」

工作的最大目的，是透過從事勞動來磨練我們的性靈，提升我們的人性。換言之，我們必須一心一意投入眼前的工作，並且全神貫注、鞠躬盡瘁。因為藉由這樣的作為，我們可以耕耘內在的一畝良田，成就有深度且

勞動的意義不僅在於追求業績，更在於個人內在的完成。

厚實的人格。

「工作即形塑人性」，我經常用這句話提醒自己。而這句話的意思，就是藉由認真勤奮努力從事每天的工作，確立自己的價值，進而朝向人格健全的理想邁進。這樣的例證古今中外不勝枚舉。只要我們翻開世界上的偉人傳記，最後一定都會連接到這個事實。

所有功成名就的人都是不惜努力、不辭辛勞地埋首於自己應該做的工作之中。然後，透過無止盡的努力，成就偉大功績的同時，美好的人性也隨之內化成自己的一部分。

有一則故事是這麼說的：

聽說在南太平洋新不列顛島（註：New Britain，隸屬於巴布亞新幾內亞）的一個民智未開的原始部落裡，他們有「勞動是美德」的觀念。在那裡，他們主要是以「好好工作，就可以成就良善的心靈」、「好的工作來自於良善的心」等單純的勞動觀來過活。

村落裡主要的勞動，是以燒墾農耕方式來進行芋頭栽種。

那裡根本不存在「工作是苦差事」的概念。村民們透過工作希望達到「工作上美的成就」和「人格的陶冶」，換句話說，也就是盡可能把工作做好，然後從中磨練人格。

聽說村民們會互相評論田地的配置、作物的品質和泥土的氣味等等。例如，他們認為散發出芬芳氣息的田地就會「豐收」；飄散出難聞氣味的田地一定「歉收」。

好好工作，就可以成就良善的心靈

好工作成就好的人

而且，把田地耕作得富饒成功的人會得到全村一致的高度評價。

換言之，他們是藉由勞動的結果、也就是田地或作物的成果，來評斷該人的人格高低。若田裡的活幹得好、意即「把工作做好」的人，也就是人格「高貴的人」，因此而可以獲得「高貴人格者」的封號。

對他們來說，工作不但是取得生活食糧的方法，同時也是磨練性靈、提高人性的手段。「好的工作，由好人來成就」，這個雖然簡單但卻重要的勞動觀念，儼然從原始社會即已存在。

當我聽到這個故事時，我更確定這正是勞動的真諦。

從什麼時候開始，多數人將工作視為「苦難」？根本思想是源自於基督教思想的「勞動乃苦役」。《聖經》開頭記載著有關亞當和夏娃的故事，便可清楚得知。

他們兩人身為人類始祖，因為偷嘗了上帝阻止的禁果，因此被趕出充滿著歡樂的樂園——伊甸園。他們待在樂園的期間，自然沒有工作的必要，但是被趕出伊甸園後，為了充饑果腹他們得忍著痛苦去工作。

「工作即形塑人性」，意即藉由認真努力地工作，確立自我價值，培育健全人格。

這則經典的故事裡，間接傳遞出對工作的負面評價：人類是為了彌補自己犯下的所謂「原罪」，才需要承受不斷勞動的處罰。

換句話說，對於歐美人而言，工作原本就是充滿著痛苦，讓人厭惡的行為。我認為從這樣的想法慢慢地形成了近代的工作價值觀：「工作應該要盡快在短時間內完成，而且要盡量獲得更多的報酬才好」。

雖然大部分的人認同了這個價值，但這並不是工作本身的價值。

如果你拋開他人定義的工作價值，不帶偏見地體悟工作的本身，在這個過程中你會發現，工作雖然確實會伴隨著痛苦，但工作中的自己是多麼的有生命力，遇到挫折時不斷挑戰的精神又是多麼迷人，最重要的是，工作讓我們成為有所貢獻的人，並且為我們帶來尊嚴，它會帶來比痛苦更多的喜悅、榮耀和生存價值。因此，我認識許多值得尊敬的人，不分職業貴賤，每個人都是從早到晚不吝惜付出地努力工作。

即便只是製作日常用品的工匠，都會在製作精良的日用品的過程中，感受到不可言喻的光榮與充實感。你可能也看過很多師傅或小商鋪的老闆，也許是賣菜的、賣生活用品的、做衣服的、修車的，這些人幾乎全年無休地工作，讓他們這麼做的動力不見得是真的熱愛這份工作，更多是他們理解：有許多人需要我做這份工作，才能維持生活的便利。換言之，他

工作絕對不是為了生存無可迴避的磨練，它是讓自己通往自我實現和成就人性的「精進」道場。

們了解工作真正的使命是互助，也因為他們殷實的工作，獲得了周遭的人的敬重。從這裡就可以體悟到，工作絕對不是為了生存無可迴避的磨練，它是讓自己通往自我實現和成就人性的「精進」道場。

換個工作人生就會好起來？

乍聽之下，好像我是個從出生就熱愛工作的人，實際上我剛出社會時，就和許多剛踏入職場的年輕人一樣，覺得工作就是賺錢，為什麼要這麼努力？甚至不只一次自我質疑：「如果工作只有苦難和折磨，人到底為什麼要工作自找罪受呢？」

我年輕的時候，個性有些高傲、狂妄且不知天高地厚，每次只要父母用家鄉鹿兒島的方言訓斥我：「年輕時的辛苦，花錢買都划算！」我總會回嘴：「那我寧可把錢存起來，才不要花在這種地方。」無論是少年的我、還是青年時的我，都對於透過工作的辛苦可以鍛鍊自己的心性、琢玉璞為寶玉等傳統美德及勸戒視為陳腔濫調，總是不當一回事。

直到大學畢業後我所任職的松風工業——一家位於京都的破公司，粉碎了我年輕時的天真想法。

松風工業原本是代表日本的絕緣器製造廠商之一，名聲響亮，但我進公司時已經完全不見昔日風采，遲發薪水是家常便飯，即使某天突然關門大吉大家也不意外。

再加上合夥人之間的內訌、以及勞資爭議不斷，每次我到公司附近的商店買東西時，店老闆總是對我投以同情的眼光：「你啊！虧你真敢到這個地方來！待在那種公司，恐怕討不到老婆啊！」

所以，我們同梯進入公司的人，一進公司旋即滿腦子淨是想著：「我討厭待在這種公司，應該有更好的公司才對。」每次偶遇或碰面都是相互抱怨、牢騷滿腹。

可是這家公司是在不景氣的隆冬中，多虧了恩師引薦才得以棲身安頓的。照道理說，我應該要發自真心由衷感謝，結果我卻東挑西挑，還各種抱怨，現在回想起來當時的自己真的滿無知的。

沒有選擇的選擇

進公司還不到一年，同梯的同事一個接一個遞出了辭呈。只剩下我和一兩個同期的同事還留在這間公司。但我愈想愈不對，眼看情況愈來愈不樂觀，於是找了另一位老家在九州天草（註：九州熊本縣天草市）、畢業於京都大學的同事商量，兩人決定一起去參加自衛隊的預備幹部考試。

結果，我們兩人都考上了。

不過，由於入學需要戶籍謄本，我拜託親人幫我從鹿兒島寄過來，卻遲遲沒有送到。結果，只有我的同事進了預備幹部學校就讀。

原來，老家是故意不把戶籍謄本寄給我的。

其中原委我也是日後才知道。因為我哥哥很生氣：「我們辛苦地讓他上到大學，最後還多虧老師的介紹才能進入京都的公司上班，他竟然半年也忍耐不了！真是沒出息的傢伙！」所以才沒有寄出戶籍謄本給我。

最後，我們同期只剩下我一個人留在這間公司。

我獨自苦思：就算順利辭去了工作、換了家公司，也不一定保證在新的職場上就一定會成功。或許確實有人「辭去了工作之後，人生從此一路順遂」，但應該也有人「因為把工作給辭了，反而過得更悲慘的人生」。再者，或許有人「選擇留在公司拚命奮鬥而獲得成功，人生因此開花結果」，但應該也有人「雖然留在公司打拚奮鬥，但人生就是不能如意。」

究竟是辭去工作正確？還是留下來才對？——我想破了頭之後，下了一個決定。

一個改變，一切都好起來了

這個決定竟招來了我「人生的轉機」。

我被逼到僅剩自己獨自留在這家破公司時，頭腦終於清醒了。「若要辭去一份工作，光是這間公司很爛、很破、快倒了等片面的理由是行不通

若因不確切的理由辭職，未來的我回顧這段日子，一定也會厭惡當時的自己如此無能。

的，如果只因為這種理由辭職，當我未來再回過頭來看這段日子，一定也會嫌棄現在的自己怎麼這麼無能。」我終於想清楚了這一點。

那時候，我發現自己找不到確切的辭職理由，於是打定主意先試著全心投入「工作」再說。

我決定不要再滿嘴抱怨、心懷不滿，總之集中一切精神於眼前工作，試著埋頭做做看。我勒緊褲帶、擺好架勢，第一次認真地嘗試與「工作」來個正面對決。

自此以後，我一直認真勤懇地工作，而且認真的程度足以冠上「超級」兩字。

我在那家公司負責研究最尖端的先進陶瓷（註：英文為 advanced ceramics 或稱工程陶瓷 engineering ceramic），於是我把鍋具器材搬進研究室，晚了索性就睡在公司，過著以研究室為家的生活，一天二十四小時夜以繼日地拚命研究。三餐也就隨便吃吃，整日埋首在實驗中。

那種超級認真的工作模樣，從旁人眼光看來，真可說是壯烈激昂吧！

想當然爾，由於是最尖端的研究，如果只是像拉車的馬一樣，光靠蠻力還不足以成事，所以我訂購了刊載先進陶瓷論文的美國專業期刊，邊查字典邊逐字研讀，也會翻閱圖書館借來的專書。總之不管是工作告一段落的夜晚、或是假日，我都不斷鑽研與學習。

突破人生困境的解方：
全心投入工作。

就在這樣的過程中，不可思議的事情發生了。

這個在大學主修有機化學、為了糊口飯吃只短暫學習了一些無機化學的二十來歲年輕小伙子，竟然從他的研究中生出一個又一個讓人拍案稱奇的實驗結果。

同時，當初內心掙扎的煩惱和迷惑：「想辭職」、「自己以後的人生會是個什麼模樣？」都如一場夢般煙消雲散。

不僅如此，因為研究的內容都是我未曾探索過的領域，因此愈研究愈敢覺得有趣，我甚至忘記自己是在工作，全心投入在鑽研這件事上。於是，我不再覺得工作是苦差事，也不再抱怨公司很爛、工作很煩，更專注於自己正在進行的計劃，就這樣也獲得了其他資深同事及主管的肯定。

做夢也沒有想到，在此之前苦難、挫折不斷的我，人生旅途中竟出現了良性循環。

堅持的價值

當初，只是因為無路可退而孤注一擲的計劃，沒想到讓我迎來人生中第一次的「成功」。

我當時負責的是一種新材料鎂橄欖石（註：forsterite，化學分子式為Mg_2SiO_4，顏色有白色和黃綠色兩種，硬度：七。比重：三．二）的研究開發。鎂橄欖石的絕緣電阻很高，是在高周波區域裡性能極為優異的先進陶瓷材料。

當時電視開始大量普及，大家都認為鎂橄欖石比起當時主流的滑石（註：steatite，化學分子式為 MgOSiO2），更適合做為使用於電視映像管的絕緣材料。

但是，那時沒有成功合成的前例，不論是對我、亦或是公司，鎂橄欖石的研究開發，無疑是個深具挑戰的課題。

所以，在沒有精密設備的狀況下，我不眠不休、夜以繼日地從事開發實驗，但始終沒能出現令人滿意的結果。我忍受著一再失敗的挫折痛苦，把自己逼到油盡燈枯的絕境，仍舊不問晝夜地持續進行實驗，最後好不容易將鎂橄欖石合成成功。

我之後才知道，原來當時能夠成功合成鎂橄欖石的除了我以外，就只有美國的奇異（GE）。正因為如此，我開發出來的鎂橄欖石才會受到所有人的關注。

我第一次將這個高周波特性極為優異的鎂橄欖石做為材料，致力開發的產品，是名為「U字型絕緣材料」的絕緣零件。這是因為我們公司接下了松下電器產業（即現在的Panasonic）集團中，負責製造映像管的松下電子工業（當時的名稱）的訂單。

剛好那時是映像管電視普及日本家庭的時期，因此我所開發的鎂橄欖石拿來做為其中電子槍的絕緣零件，也就是「U字型絕緣材料」的材料，再恰當不過了。

將挑戰視為阻礙，還是通往成功的最後一哩路？

被石蠟絆倒的「神啟」

開發U字型絕緣材料時，最辛苦的是把原料的鎂橄欖石粉末凝聚成形的步驟。鬆散的粉末是無法塑形的。就像製作烏龍麵或蕎麥麵一樣，還需要有黏性的「接著劑」。以前都是使用黏土做為接著劑，可是如此一來一定會摻雜不純物質。我每天絞盡腦汁思索該如何解決「接著劑問題」。

就在這樣費盡心神的某一天，一件我做夢也沒想過的事情發生了。

那一天，我在實驗室裡來回踱著方步，思考著懸而未決的「接著劑問題」時，突然絆到東西，險些跌個踉蹌。我不假思索地往腳下一看，發現鞋子上黏糊糊地沾著實驗用的石蠟（註：paraffin，是從原油分蒸餾所得的混合物，經溶劑精製）。

「是誰！是誰把蠟放在這種地方！」當我幾乎要咆哮出來時，就在這一瞬間，我茅塞頓開：「就是這個！」

我火速把原料鎂橄欖石和石蠟倒進手製的鍋中，一邊加熱一邊攪拌，用以製作原料，然後放進模型中試著使之成形，沒想到居然塑形成功了。之後，我又再把它放進高溫的鍋爐裡燒，接著劑的石蠟因此而全部燒盡，所以成品的U字型絕緣材料沒有留下半點的不純物質。這個令我糾結數個月，熬過一個又一個夜晚無法入眠的懸案，就在這個瞬間解決了。

即使是現在回想起來，那個瞬間還真的只能用「神的啟示」來形容。

當然，實際想出解決方案的人是我自己。但是，我總覺得是神明看到我拚命工作，痛苦得如同油煎火燎，於是心生憐憫才賜給了我智慧。

一個新零件，拯救一間公司

由於我累積過好幾次類似的經驗，所以之後每次有事發生時，我總是攔住員工告訴他們：「你們要心無旁騖地認真工作！而且要認真到神明願意伸出援手來幫助才行。只要這樣，不管任何困難的局面，一定會有神助，也一定能夠成功。」

在我開發出U字型絕緣材料之後，松下電子工業來了大筆的訂單，要訂購這個製造電視機映像管時不可或缺的零件。因此，這個零件成為我們起死回生、拯救瀕臨破產邊緣的公司的商品，公司所有的期待都集中在它身上。

這時的技術和成績，即使說是日後京瓷發展的基石亦不為過。而且，藉由這「第一次的成功經驗」，我很慶幸能夠深切地感受到：即便身處於苦難之中，只要堅持，一定可以帶來光明的命運，多虧工作提供了我這場考驗，讓我了解堅持的價值。

被當成可憐的人不可怕，可怕的是
只能放棄，無法堅持的自己。

苦難是我人生最大的「幸運」

「那傢伙真可憐！」

或許人的一輩子，要有一次處於被週遭的人這樣同情的不幸際遇裡，才能觸發人生產生正向的改變。

就像冬天要愈冷，隔年才會開出更漂亮的櫻花一樣，如果不曾體驗過煩惱和痛苦，人便無法成長茁壯，領悟真正的幸福。

我的情況也是如此。人生之中，我經歷過的辛苦和挫折多到幾乎數也數不清，但正如玩黑白棋遊戲時棋子一瞬間全部由黑翻白一樣，所有的辛苦挫折都會成為日後成功的基礎。現在的我回想起來，總會發現過去老以為痛苦的事，之後都為我帶來了好的結果。

這麼一想，或許人生中的苦難和挫折才是我人生的起點，更是我最大的「幸運」。

舉例來說，我進入了連年赤字的松風工業，最後同期之中只剩下我一個人時，朋友們總以不知是同情、還是揶揄的口吻評論我：「稻盛老弟真可憐。他的大學成績很好，也很用功，可是卻只能窩在那家破公司鬱鬱不得志。真是時運不濟！以後他的人生該怎麼辦啊……。」

相較於同事們憑藉著自己的才幹打開了未來的方向，唯獨我一個人前途茫茫，除了繼續待在這家沒有前景的公司傷感惆悵外無計可施。回首當時，正是這樣的絕望感，徹底摧毀了我的心志。

現在想想，歷經這些挫折的過程，才是神明賜給我的最好禮物。這些挫敗的經驗不但教導我要全心全意投入工作，還告訴我透過這些磨練，會讓人生柳暗花明。身處逆境還能擇善固執拚命工作，成就了今天的我。

若我從來不知道苦難和挫折，進入了名校就讀，在大企業混口飯吃，或許我的人生會走的順遂許多，但我也敢肯定那條順遂的路，絕對無法像達到我現在的境界。

處於順境「很好」，處於逆境「更是好」積極樂觀看待自己的環境和境遇，不管任何時刻，不斷努力、全力以赴才是最重要的。

工作不等於賺錢

就算我們的腦海裡再怎麼清楚理解，拚命工作將會帶給我們的人生多麼難以想像的美好未來，可是「我討厭工作」、「如果可以，我才不想工作！」仍時不時會冒出來。先不要急著怪罪自己，本來會出現這些想法都

處於順境很好，處於逆境更好。不管任何時刻，不斷努力、拚命工作就能打破停滯，遇見新契機。

很正常，本來人的行動都必須要有動機，若缺乏動機就很難採取行動更別提堅持。對工作也是如此，如果我們不知道工作的價值，自然會產生「不要工作最好了」的念頭。

多數人會以「賺錢」說服自己出門上班，我年輕的時候也是如此。由於出生於戰時，就業時又遇上經濟不景氣，當時如果找不到工作，很有可能就會活活餓死在路邊了。

在那樣的時代背景下，說什麼「要做就要做自己喜歡的工作」、「找到對工作的熱情」應該會被長輩臭罵一頓：「你還有空做白日夢不如拿去找工作，不工作難道你想餓死嗎？」對當時的人來說，工作就是為了溫飽，勞動的價值就是換取報酬。

但我進入職場後發現，工作其實賺不了錢，更直接地說：「努力工作頂多讓你餓不死，但不會為你帶來財富。」更大一點後慢慢發現，這世界上存在許多賺錢的途徑，工作只是其中一種方式，不是絕對的。如果真的想要累積財富，工作絕對不是首選，所以「工作就是為了賺錢」的這個觀點根本不成立。這引發我更深入地思考，「如果不是為了賺錢，那是為了什麼努力工作？」

工作不會讓為你帶來財富，但努力工作的價值則能為你帶來高尚的品格、尊嚴，進而累積財富。

來自上一代的啟示

我看著父母辛勞的背景長大，那過程真的太辛苦了，我很感念他們努力把我們拉拔長大，還供應我一路念到大學，但我非常清楚，自己絕對不想像父母那像工作也不想過那種人生。

我相信不只是我，很多人都這樣想過。絕對不想過上像父母一樣辛苦的工作，也因此將苦難、困難視為洪水猛獸。但你可曾認真觀察過你的父母，他們認真踏實工作的姿態，是不是相當值得他人尊敬？而他們透過工作淬煉出的人格，正是我們這些晚輩的典範，當然這在我年輕時也是毫無所知，直到年紀漸長，才發現原來他們認分、勤懇地工作，不知不覺間幫助他們累積高尚的品格，成為穩健而值得人敬重的大人。

我們換個角度探討關於「工作就是為了賺錢」這個價值觀吧，請你想一想，如果今天你獲得了一筆意外之財，假設中了樂透。再也不需要努力工作，就能獲得大筆財富，一輩子都花不完也用不盡，那你的人生會變成什麼樣子？會因此就過上幸福快樂的人生嗎？

我想，年輕的我應該會很開心，然後到處揮霍，應該會覺得很享受吧。但這樣的日子過了一陣子後，我一定會開始覺得無趣且厭煩。

正因為每天拚命工作，努力獲得回報，才會覺得人生更加快樂和珍貴。

鉅額財富無法帶來踏實的幸福

不需要工作，也沒有目標，每天只需要享樂的生活，過久了一定會覺得空虛，因為這世界上所有的事都是相對的，如果你不曾感到辛苦，就不會懂得何謂踏實的幸福。而且無止盡的享受，多半會影響我們的價值觀，不勞而獲的態度也會漸漸腐蝕心智，最後為人生帶來不良的影響。

令人覺得安逸無憂的前提，比起鉅額的財富，其實更重要的是穩定，而穩定的工作正是許多人感到安心的來源。也正因為每天都拚命工作，努力獲得回報，才會覺得人生更加快樂和珍貴。

只要我們認真工作，前方就會潛藏著喜悅和快樂。就像漫漫長夜結束、黎明到訪時一樣，喜悅和幸福會在辛苦的彼岸現身，而那正是透過工作所體現的人生。

距今將近四十年前，也就是京瓷第一次達成股票上市的時候。由於之前的奮鬥努力獲得了社會的認同，靠自己赤手空拳創業的公司得以擠入一流企業之林，因此我沉浸於不勝感激的思緒中。

於是，有人勸我從此可以好好享受，過著輕鬆快活的人生：「你也有足夠的資產，何不妨喘口氣，從現在起在興趣或閒暇，中尋找自己的樂趣？」

的確，最近的創投企業經營者之中，有人發揮聰明機智擴展事業，很早便將股票上市，然後賣出自己的持股，獲得巨額的財富。所以，他們雖然才年僅三、四十歲，卻已經考慮要退休了。

我讓京瓷的股票上市時，沒有賣掉自己的半張持股，而是發行新的股票，並將所有的出售獲益歸為公司所有。另外，當時我雖然已經三十五歲了，但我還是常想著要捉住股票上市的機會，「比以前更賣命地工作」。因為公司的股票既然上市了，我必須連帶考慮到一般投資大眾的幸福，而不能像以前一樣只顧著自己的員工及其家人。所以不但無法「喘口氣」，我身上的責任反而更加沉重。

也就是說，股票上市僅僅只是一個新的起跑點，而不是終點，在那之後企業更必須謀求發展。

正因如此，我於股票上市時，告誡我的員工：「讓我們返回創業時的初衷，全體員工團結一致，一齊奮鬥吧！」對於自己重新下定決心，我至今仍舊記憶猶新。

憨直地、認真地、誠實地工作

人之所以容易耽溺於安逸、志得意滿，乃因為人類是充滿煩惱的生物。人類天性如此，而我認為若想要提升自己的品格，最重要的是克制內心的邪惡。

佛家說人類的煩惱有一百零八種之多。其中又以「貪（欲望）」、「嗔（生氣）」、「痴（抱怨）」三種邪心，為最折磨人類的煩惱，一旦纏繞於心便不肯離去，即使用力驅趕也難以拂拭乾淨。

釋迦牟尼稱此為「三毒」，並認為它是誘惑人類走向錯誤行為的諸惡根源。

「我想要比別人擁有更多的財富」、「我想要比別人得到更高的評價」——任何人的心中都潛藏著這種「欲望」，如果不得實現，人就會「生氣」、滿嘴「抱怨」和「不平不滿」：「為什麼不能如我所願？」所謂人類，是永遠受此三毒擺佈而活著的、因果循環的生物。

人活在世上，要完全擺脫這三毒是不可能的。因為三毒是肉體之身的人類，為求生存絕對需要的心。它是自然賦予我們的本能，是人類存活於世間所必備的。

例如，為了要保護自己的存在，並維持生命，我們無法捨去以食慾為首的「欲望」，以及對攻擊自己的人所抱持的「憤怒」，還有情況不能如願時所感到的「不滿」。

但是，這些都不可以過份。

正因為如此，就算不能將三毒完全逼出體外，至少首先我們必須致力於減輕這些毒素。

而為達此目的，獨一無二的方法無他，便是拚命「工作」。

藉由憨直地、認真地、一步一腳印地、誠實地長期致力於自己的工作，自然可以克制欲望；靠著忘我地投入工作，能夠平息憤怒、減少抱怨；再者，透過每一天盡心努力，可以讓自己的人性逐步向上提升。

全心全意地投入自己的工作，持續努力、不厭倦、不懈怠。如此，才能把人生打造得深具價值。

就此意義而言，「工作」好比修行。實際上，釋迦牟尼用來悟道的修行有六項，稱之為「六波羅蜜」，其中之一的「精進」，正是指盡心盡力地工作。

也就是全心全意地投入自己的工作，付出所有的精力和心神，持續努力、不厭倦不懈怠。如此工作便會成為淬煉人格的「修行」，磨練我們的心志，讓人類成長茁壯。而且，正是因為透過這樣的「提高性靈」，我們才能把人生打造得深具價值。

每日自我反省

人生中，即使企圖要提高自己的性靈，往往知易行難，要實踐絕非容易的事。

講來頗為悲哀，人類就算心中如何向善、想要做好事，到頭來終究還是無法做得圓滿周全。除非是超凡的聖人君子，否則很難貫徹善行義舉。

我深知此理，但也犯同樣的毛病。

不知從何時開始，為了警惕時常會被惡心牽著鼻子的自己，我給自己定了一個自戒的儀式。

從年輕時，每當驕傲自大、狂妄自滿等壞意念在自己體內蠢蠢欲動，我就馬上將其轉化為反省的機會。

舉例來說，當我講了有點囂張或得意忘形的話，或者自己的努力還不夠時，夜深人靜回到飯店或家中，或是隔天早上睡醒之後，我會對著廁所裡的鏡子嚴聲厲色地斥責自己：「笨蛋！」然後緊接著再以反省的口吻說出：「神啊！對不起。」

就這樣自省自戒，然後告訴自己：明天起再用謙虛的態度重頭來過。

曾幾何時，我學會了這個習慣，而這個習慣成功地扮演了修正軌道的角色，使得我的人生至今沒有嚴重脫軌。

重要的是，除了要努力心存向善之念、身行良善之舉外，萬一心起邪念、做了壞事，一定要謙虛反省。唯有反省，才能讓人有意識地改變自我，一步一步地向上提升。

我們要在心中起誓：老實地反省今天自己做過的事，明天開始重新再做一次。唯有每天過著自我反省的生活，我們才能在工作上避免失敗，更能在人生旅途中提升自己的性靈。

老實地反省今天自己做過的事，明天開始重新再做一次，一天一天地提升自己的性靈。

第二章

工作的力量

迷惘、停滯時，
更需要轉動工作之輪

沒有適合我的工作，但有只有我能做到的事

我年輕時，原本也認為奮鬥努力是苦事，朝三暮四、定不下心來。這樣的青年竟能夠專心一致於工作長達五十個年頭，箇中道理究竟為何？因為我的心態改變了，從單純把工作當成賺錢的手段，轉變為「把工作做好，就能幫助到更多人」在這個過程中我體悟到，我在工作的過程中不但能持續調整狀態，讓自己愈來愈趨近成熟，更能透過達成任務實踐自我價值。

就如同我先前所說的，我並不是打從一開始就希望從事先進陶瓷的研究工作。我大學主修的是當時最熱門的有機化學，卻無法順利找到工

作，最後落到運用無機化學來製造絕緣器的松風工業上班，可以說是在情非得已的狀況下參與了先進陶瓷的研究。

剛進公司時，我被分配到總共不過五至六人的研究室，除我之外的研究員從事的都是公司的核心事業，也就是做為絕緣器材料的瓷器改良工作。只有我這個新人被任命從事新陶瓷材料（之後由我命名為先進陶瓷）的研究，因為公司認為「將來，針對電子領域的高周波絕緣材料應該會有所需求」。

工作不但能讓自己愈來愈趨近成熟，
更能透過達成任務實踐自我價值。

由於這個領域在當時還是個未知的範疇，一篇明確立論的文獻也沒有，再加上公司本身也很窮，連研究設備都不十分齊全。不只如此，也不可能有上司或前輩從旁指導，在這樣的狀態下根本無法對工作產生憧憬，或對未來有所期待，更別提要全心投入在眼前的工作上。

但是，另外找工作的希望也落空了，我不得不在這樣的公司繼續工作，於是我決定要改變自己的「心態」。我努力告訴自己「用心投入這份工作！」就算不能馬上喜歡上工作，至少也要調整「討厭這份工作」的負面情感，試著全力傾注於眼前的工作。

從「不討厭」的開始

我一直深信，人無法做違背自己初心的事。如果我超級討厭這份工作，就算暫時忍耐，最後一定還是會選擇放棄。但我也知道，如果都沒有嘗試過就輕言放棄，未來的自己一定會有所遺憾。但我當時實在非常痛恨眼前的工作，這樣該怎麼辦呢？於是我想出了一個方法：先從不那麼討厭的事開始。

我滿喜歡吸收新的知識，而正好當時，我對於先進陶瓷的基礎知識幾乎一竅不通，所以首先我到大學的圖書館去，從大量涉獵相關文獻開始。

由於那個時代沒有影印機，所以每次翻閱業界刊物或大學學報，發現了重要的地方，我都會迅速地記下筆記。另外，雖然阮囊羞澀，我仍會掏出錢來買研究專書，訂購美國陶瓷協會的論文，然後字典不離手邊翻邊查，總之從獲得先進陶瓷的基礎知識開始，慢慢認識專業領域。

我以從中獲得的資訊為基礎進行實驗，再把新的知識見解加入實驗結果中，重新再做實驗——當時我的工作，就是不斷重複著如此基本且實在的作業。

在這樣的過程中，我不知不覺地被先進陶瓷的魅力所吸引。並且慢慢了解，先進陶瓷這個材質裡面蘊藏著非常優異的可能潛力。

「大概在大學裡也沒有從事這種研究的人吧！說不定世界上就只有我一個人呢！」——每當我這麼想，索然枯燥的研究也讓人感覺熱血沸騰。

原本半強迫地要求自己做的事情，不久之後竟會喜歡上它，而且還主動要求參與，甚至到後來，我遠遠地跳脫所謂好惡的境界，可以感受到其中真諦。

在這個過程中讓我體悟了一個道理，所謂的「天職」不是出於偶然的巧遇，而是必須自己創造。

所謂天職不是出於偶然的巧遇，
而是必須自己創造。

工作就像戀愛，會迷戀也會倦怠

你有談過戀愛嗎？熱戀中的人有一種特質，就是不管對方做了多不合理的事，都能正向的看待，甚至覺得對方怎麼能這麼討喜。

只要有過一次戀愛經驗的人，應該都能夠明白這種事。就連年輕時代一直以工作為重心的我，也不是沒有體會過這種感情。

那是我在成立京瓷前，從研究空檔裡忙裡偷閒的某個星期天，所發生的事情。

有時候，我會邀請要好的女性朋友一塊去看電影。回程的路上，我想送她回家，本來只要坐上電車，就可以輕鬆完成護花使者的工作，可是有好幾次我們提早一站下車，兩個人一邊聊天，一邊不疾不徐地踏上頗遠的歸途。

那時我每天都工作到三更半夜，身體應該是疲憊不堪的，可是我走在遙遠的路程中，卻完全不以為苦，反而覺得非常愉快、精神百倍。

日文有句俗話：「若是前往愛戀之人所在之處，縱使是千里之遙也感近在咫尺。」那時的我覺得這真是句至理名言。

工作也是一樣。如果你能用戀愛的心情去工作，那就會是全世界上最

如果你能用戀愛的心情去工作，那就會是全世界上最棒的工作。

棒的工作。

即使從旁人的眼光看來，認為「那樣難為的工作，很辛苦吧！應該很難繼續下去」，但是只要自己迷戀上工作、喜歡上工作，再痛苦折磨就能夠忍受。

愛戀工作——。

喜歡上工作——。

正因為如此，我才能夠長期持續艱難的工作。

新鮮感很重要

但就像戀愛一樣，熱戀期總是難分難捨，也會出現倦怠期。其實，我也沒有比別人強的本事或毅力，之所以能對工作持續抱持著戀愛的心情，正是因為我能不斷從工作中找到新鮮感，也就是那些新的事物、新的技術。所以我也建議，先找出工作中不那麼討厭的事，然後努力地去鑽研、實踐，在這個過程中，必然會看到你認為有趣、新鮮，激起你的熱情的事物。

要過充實的人生，唯一的方法不是「做自己喜歡的工作」，就是「喜歡上自己的工作」。殘酷的是，能從事自己喜歡的工作的人少之又少，「千萬人中也難覓得一個」。而且，就算如願進入了嚮往的公司，應該也幾乎沒有人能夠被分配到自己喜歡的單位、從事自己想做的工作。

從這裡可以發現，多數人都是從做著不那麼喜歡的工作、對公司沒有特殊情感的心境下展開職涯的。

但有些人總是能累積資歷，不斷地向上提升；然而有些人卻成了萬年基層、流浪職員等，遲遲找不到自己工作上的依歸，這兩者間最大的差異，僅在於心態而已。前者懂得把握每個機會，就算是不喜歡的工作，也能從中找到自己能完成的事，能做出成就感的事，進而透過這些成就感肯定自己的表現，讓自己有勇氣不斷挑戰、升級；後者就像年輕、剛進公司的我一樣，對不熟悉的工作內容、不了解的程序充滿抱怨、挑剔，但沒有動手去解決問題、改善現狀，於是只能陷在困境中，這樣的人生看起來總讓人覺得有點可惜。

「要愛上自己的工作」這句話說起來的確有點矯情，但我希望大家在工作時，能感受到如同戀愛般的悸動，不用每天都是熱戀，只要感受過那種心動，我相信你就不會覺得工作這麼痛苦，進而找到持續下去的動力。

建立工作自主性

另一件不討厭工作的訣竅就是：把工作當成自己的事。乍聽可能會覺得這樣講很莫名其妙，「工作當然是自己的事啊，不然有其他人會幫我做好嗎？」我想強調的是工作的「自主性」，很多人會把這個詞解讀成「在工作上我能用我的意志做到的最大程度」，但實際上，工作自主性的意思會更趨近於「這件事是我心甘情願去做的事，我要努力達成它」，初始的意念是我們能不能把工作做好的關鍵。

當你開始工作後，可能會常常聽到「當責」這個詞，簡言之就是「願意承擔責任」，但我相信許多初入社會的工作者，可能聽不太懂這個詞，也許有人工作十幾二十年，也不懂這個詞的真正意思。

部分工作者在工作時會陷入一個迷思，想追求個人工作上的自由，又把工作當成「只是別人交辦的事」，這種矛盾的情結經常導致工作無法順利完成。追根究柢，我認為這是對當責的錯誤理解，當責的真義應該是「工作是我願意做的事，這件事我會努力用自己的力量完成。」這才是當責真正的涵義，不再把工作視為別人指派的任務，而是「我的事」才會產生真正的工作自主性，靠自己的力量去尋找可以協做的資源，這才能獲得真正的自主。也唯有把工作當成自己的事後，你才可能對工作心動，產生戀愛的感覺。

只要喜歡上了工作，任何辛苦都不會覺得厭煩，努力也不會是難為的努力，而能夠快樂投入於工作之中。一旦能夠投入工作之中，力量自然會隨之湧現；力量一旦湧現，必定可以開花結果；一旦開花結果，周圍的人便會豎指稱讚；一旦獲得眾人的稱讚，定會更加喜歡上工作。

於是正面循環開始啟動。

所以，首先我們要憑藉著自己強烈的意志喜歡上工作，除此之外別無他法。藉由這麼做，人生將會充實且富有。

只要能投入工作，就會產生力量，
那股力量必能助你的期望開花結果。

磨練可以使你強大，但喜悅才能帶你走更遠

雖然我們說工作就像戀愛，聽起來很動人，但實際上不管是戀愛還是工作，通常過程都是苦多於樂，但只有苦難的關係是無法持久的，所以若要維持長久的關係，無論是戀愛還是工作都要想辦法從中找到喜悅。

以我來說，每當研究順利進行，我就會直率地以此為樂；只要別人讚美我的成果，我就會坦率地表達內心的感動，並以此喜悅為食糧，更認真地投入工作。

我回想起踏進社會第二年，拚命地測量實驗數據時發生的事情。

當時，我的身邊有位畢業於京都某所重視升學的高中，因為家庭因素

不得已投身就業市場的研究助理。

由於這位男助理的頭腦相當不錯，所以我請他每天幫我測量實驗的數據。我會先預測：「這個材料大概會顯現出這樣的物性」並進行實驗，然後要他幫忙測量其中的數據。

每當實驗時出現了如我預期的測量數據，我就會喜悅得像是腳底裝了彈簧一樣跳個不停。

此時，我的助理卻會用冷冷的眼神，從旁看著如此興奮的我。

有一天，出了一件事，簡直就像是一大盆冷水從我頭上澆了下來。

就如之前所說，當我高興得連番跳起，對著測量數據的他說：「喂！你也高興一下嘛！」他竟然老實不客氣地瞪我一眼：

「稻盛先生，容我說句失禮的話，值得男人高興地跳起來的事情一輩子不可能有好幾次，可是我常常看到你跳起來高興得不得了。而且，你甚至要我也『高興一下！』這該說是輕浮，還是草率呢？我可沒有和你一樣的人生觀。」

聞言，我整個背脊都涼了。

我的助理確實可以說是非常理性，但我怎麼也無法認同，於是緊接著我回了他下面這段話：

「你在說什麼！能夠從一些細微的小事感到喜悅和感動是多麼美好的一件事啊！如果我們要繼續進行單調不起眼的研究，當好的成果出現時，不坦率地喜悅怎麼成！這份喜悅和感動會帶給我們全新的能源。特別是研究費少的可以，又得在毫無完善資源的環境中不斷從事研究的我們，唯有藉由從這樣些微的小事中感到喜悅，才能讓我們重新鼓起勇氣。所以，就算你再怎麼說我是輕浮、草率，從今而後，我仍舊打算對小小的成功感到喜悅，然後面對工作繼續邁進。」

那時，連我自己都以為「進公司才不過兩年，就能講出這番大道理真不簡單哪！」可是，令人遺憾地，這番話我的助理並不買帳，結果，他在兩年後悄然離開了公司。

我希望各位必要擁有一顆能夠從工作中的細微小事感受到喜悅和感動的心，坦率真誠地活著。我堅信，以源自於這份感動所產生的能源為力

「工作是我願意做的事，這件事我會努力用自己的力量完成。」這才是當責的真義。

量，更加拚命地工作——這才是讓人堅強地活在漫長人生中最好的方法。

「想要抱著產品入睡」的想法

「我想要擁抱自己的產品」。

從事產品開發時，我總是這麼想。

對於自己的工作和自己的產品，如果無法投注這種程度的感情，大概無法成就一件好的工作吧！

我知道有一派的人會認為「工作歸工作，自己是自己」，隔著距離面對工作，兩者之間切得一乾二淨、涇渭分明。我從我的經驗來看，本來，要做好一件工作，就必須消除工作和自己之間的距離，達到「自己是工作，工作是自己」兩者不可分割的狀態。

換言之，愈是能整個身心一起投入工作之中，愈能喜歡上工作。打個比方，要是沒有帶著可以和工作一起「殉情」的深厚情感，是無法理解工作真諦的。

要做好一件工作，就必須消除工作和自己之間的距離，達到「自己是工作，工作是自己」兩者不可分割的狀態。

京瓷在成立沒多久的時候，曾經製造過水冷式雙層蛇管，它的用途是冷卻播放機器用的真空管。由於在生產該蛇管的企業裡，一直負責此工作的技術員不在了，所以才會向京瓷訂購。

不過，對於在那之前只製造過小型先進陶瓷的京瓷而言，蛇管實在是太大的產品（直徑二十五公分，高五十公分），而且它屬於舊陶瓷，也就是陶瓷器。再加上是在大的管子裡穿過小的冷卻管，其中構造頗為複雜。

我們當然沒有這種產品的製造方法，更遑論生產設備。

明知如此，但客戶的熱忱實在難以回絕，於是我竟脫口說出「我們辦得到」。不過，一旦答應了，就絕不可以對客戶食言，就算硬著頭皮也必須把它完成才行。

為了做出這個產品，我可是吃足了苦頭。

舉例來說，我們用的原料是和一般的陶瓷器相同的黏土，可是因為尺寸比較大，要讓產品整個均勻乾燥定形是極為困難的工程。剛開始時，在經過成形、乾燥等過程的階段中，幾乎每次都會出現乾燥不平均的現象，先乾燥的部份會產生裂痕。

我想或許是因為乾燥時間過長所致，所以也試過把時間縮短，但仍舊無法阻止裂痕的出現。嘗試了各種錯誤後，我鑽研出一個辦法：用破布包裹住尚未完全乾燥、處於柔軟狀態的產品，然後從上頭噴灑水霧，讓整體慢慢均勻乾燥。

但其中還是有問題。這次的問題出在：因為產品的尺寸比較大，一旦乾燥的時間花得太長，產品會因為本身的重量而讓形狀整個變形。為了解決這個問題，我又嘗試了各種方法。

科學與效率都無法比擬的「信念」

結果，我決定「抱著這根蛇管睡覺」。

也就是說，我採取的方法是：躺在燒窯附近溫度適當的地方，輕輕地把蛇管抱在懷裡，整晚慢慢轉動它，除了防止形狀變形，也讓它得以乾燥。旁人看來想必是個奇怪的景象吧！

但是，我就像是祈求自己的小孩平安長大一般，傾注我滿滿的關愛抱著它，「希望竭盡所能地培育這個產品，讓它能夠獨當一面。」正因為如此，我才能夠徹夜緊摟著蛇管不放。

如此用心致力的結果，我終於平安地完成了水冷式雙層蛇管。

抱著產品入睡——的確說不上是個高明且有效率的做法。

現在這個時代，甚至還厭惡這種土裡土氣和缺乏效率的方法。

但是，即便時代變得再怎麼講究帥氣酷勁，把自己的手弄得滿是泥巴或油污的工作如何跟不上潮流，只要心存「抱著自己製作的產品入睡」的感情面對自己的工作，就能發自內心品嘗到挑戰艱難或嶄新課題時，逐步實現的美好境界。

心存「抱著自己製作的產品入睡」的感情面對自己的工作，就能發自內心品嘗到挑戰艱難或嶄新課題時，逐步實現的美好境界。

試著豎耳傾聽「產品的哭聲」

只要喜歡上工作、或能夠喜歡上自己製作的「東西」，不管發生什麼問題，一定都能找到解決方法。

例如，生產物品時，良率（實際產出的產品中，扣除不良品之後，良品所佔的比例）始終無法提高，碰到瓶頸的情況並不罕見。此時首先你必須試著親自到製造現場走一趟。接著，最重要的是，帶著關愛之情，用眼睛仔細觀察產品。

此時，你一定會聽到類似神明開示般的「產品的哭聲」。

換言之，產品的瑕疵和機器的故障自然會顯現在眼前，產品或機器會主動地向你輕聲低語解決問題的線索：「你不妨這樣試試看！」

這恰巧就像醫生為了要知道病患的身體狀況，用聽診器聆聽心臟跳動聲一樣。如果是醫術高明的醫生，從心臟跳動的聲音和次數的異常，當下便可馬上了解病患身體已經出狀況了。

同樣地，藉由豎耳傾聽產品的聲音，觀察當中的枝微末節，我們自然能夠明白瑕疵出現的原因和失誤的主要因素。

京瓷製造的產品中，多數是針對電子領域的小物件，因此要找出瑕疵品實非易事。

當時，我就像醫生掛著聽診器進入診間一樣，到製造現場時永遠帶著一個放大鏡。這個放大鏡是由好幾片鏡片組合而成的，拿出一片可以放大五倍，取出兩片可以放大十倍。

我總是透過這個放大鏡，把每一個燒製完成的產品從上到下，仔細慎重地觀察個透徹。

只要發現小小的缺口，就打入瑕疵品。另外，先進陶瓷必須是純白的，如果表面上出現有如小芝麻粒般的黑點，也會歸入瑕疵品之列。

我一手拿著放大鏡，目不轉睛地一一觀察。或許這就叫做豎起耳朵靜靜地聆聽產品的「哭聲」。

要是發現了瑕疵品，也就是聽見了產品的哭泣聲，我都會思索「這孩子到底為什麼哭泣呢？這傷究竟在那裡啊！」

只要我們對待每一個產品都像是自己親生小孩一般，滿懷關愛之情仔細觀察，我相信一定可以獲得引導我們解決問題或提高良率的線索。

關鍵時刻拿出「不顧一切的意志」

還有一件事情是這樣的。

先進陶瓷的製作過程是：先將原料的粉末凝結成形，然後放進燒窯加溫燒製。

陶瓷器燒製的溫度是一千兩百度，先進陶瓷則必須用一千六百度的高溫冶燒固定。一千六百度的高溫世界裡，火焰不是紅色的，呈現的是炫目的白色，看到的瞬間非常刺眼，就像利刃刺進眼中的疼痛到處亂竄般。

當我們用如此的高溫將成形後的先進陶瓷加以燒製時，產品會逐漸地開始收縮。當收縮率大時，原有的尺寸會縮小兩成左右，因此收縮的方式必須非常平均。萬一稍有一點不均，就會成為瑕疵品。

另外，燒製條狀的先進陶瓷產品，剛開始時一定不會乖乖聽話，不是向這拐就是向那彎，只能做出像魷魚一樣歪七扭八的產品。因為研究文獻上並沒有說明「為什麼先進陶瓷會彎曲」，我們只好提出各式各樣的假設，然後一一實驗驗證。

幾經實驗，我們知道了其中原因：當我們把原料倒進模型中加壓，由於上方和下方的壓力施加方式不同，導致原料粉末的充填密度也不一樣。反覆實驗的結果，我們得知密度低的下方收縮率比較大，因此造成了彎曲。不過，雖然我們明白了彎曲產生的原理，但還是無法控制粉末的密度。於是，有一次，我想要看看它究竟是怎麼個彎曲法，便在燒窯裡開個洞，從中窺視。我決定要目不轉睛地觀察裡頭的變化：大約幾度的溫度會造成怎樣的彎曲。

果然，隨著溫度的上昇，先進陶瓷的條狀開始彎曲。雖然我變更條件反覆試了好幾回，可是都不見效，照常彎曲，簡直就像生物一樣，江山易改本性難移。

看著看著，終於失去了耐性，不自主地把手伸進洞中，衝動地想要從上面把它壓下去。

帶著關愛之情到現場去，用你坦率真誠的眼睛重新檢視所有細節。如此一來，便可以看到解決問題的暗示，以及聽到嶄新挑戰所發出的低語。

想當然爾，燒窯裡可是一千好幾百度的高溫，若真如此做，手伸進去的瞬間鐵定整個熔化。我心裡清楚得很，可是當時滿腦子想著的就是無論如何也要解決這個問題，這個意念幾乎讓我差點就要不自覺地把手插進高溫的燒窯裡去。

但是，就在我想要把手伸進爐中把它壓平的剎那，我猛然察覺到「如果用高溫燒製時，由上方按住產品，應該就不會產生彎曲現象才對。」

於是，我決定在產品上放置耐火性的重物，一起燒燒看。

結果，近乎完美地我完成了直線平坦的產品。

如同此例，再也沒有比對工作的熱情更厲害的老師了。

要是工作上遇到瓶頸、或是迷失方向不知道該怎麼做，你應該帶著關愛之情到現場去，用你坦率真誠的眼睛重新檢視所有細節。

如此一來，便可以看到解決問題的暗示，以及聽到嶄新挑戰所發出的「低語」。

成為「自燃性的人」

物質有「可燃性」、「不可燃性」和「自燃性」三種。

同樣地，人的類型裡也有三種：一靠近火就會燃燒的「可燃性」的人；即使靠近火也不會燃燒的「不可燃性」的人；以及不需借助外力，自己就可以熊熊燃燒的「自燃性」的人。

若企圖要完成某件事，一定得是「自己會燃燒的人」。而要能自己燃燒起來，除了必須喜歡上自己正在做的事情以外，還必須要有明確的目標。

如果是像我一樣的經營者，腦裡盤據的永遠都是把公司這樣經營、或那樣改善的想法。即使是剛就業的年輕人，應該也會對自己的未來描繪夢想，同時思考著想要成就這個、或是成為那樣吧！

但有些人的表情冷若冰霜到了極點，完全燃燒不起來。甚至偶爾還會碰到一種「像冰塊一樣的人」，就算週遭再怎麼熾熱，他不但不會燃燒，反而像要把對方的熱度澆熄一樣。

這樣的人真讓人傷腦筋。

不管在企業、或是運動團隊裡，只要有一個這樣不肯燃燒的人存在，全體上下都會因此陷入沉滯的低氣壓中。所以，我以前常常這麼想：

「『不可燃性』的人，請他走路也無所謂；我希望留在公司的都是即使我不走近也會自主燃燒的『自燃性』的人；否則，至少必須是當燃燒的我靠近時，會跟著一起燃燒，『可燃性』的人。」

所謂「自燃性」的人，不是「因為別人交代所以工作」或「因為上頭下了命令所以工作」的人。能夠在「別人說之前自己主動做」，保持主動

若企圖要完成某件事，一定得是「自己會燃燒的人」。而要能自己燃燒起來，除了必須喜歡上自己正在做的事情以外，還必須要有明確的目標。

積極的人才是「自燃性」的人，他們應該都是喜歡上工作的人。

為了將自己擁有的能量無限地激發出來，使工作更向前邁進，我們有必要成為喜歡上工作、自燃性的人。

在「漩渦的中心」工作

在公司等集團中，為了讓工作順利進行，不管工作性質為何，我們一定需要精力旺盛、能夠肩負核心任務的人。

公司會以這樣的人為中心，就像上昇氣流風起雲湧由下竄起似地，將所有人一起捲進來，並讓整個組織產生巨大的震撼。這種能夠自己主動積極面對工作，進而影響週遭，使工作得以生氣勃勃進行的人，我稱之為「在漩渦中心工作的人」。

所謂工作，單憑一己之力是無法完成的。若無上司、部屬、周遭的人共同齊心協力，便不能成就一份好的工作。

但是，如果自己不成為漩渦的中心，只是在周圍轉個不停，也很難感受工作真正的喜悅。唯有自己成為漩渦的中心，積極地把週遭的人都捲進

能自己燃燒起來，除了必須喜歡上自己正在做的事情以外，還必須要有明確的目標。

來，才能夠充分地品嘗工作的成就感。

那麼，要如何做才能捲起「漩渦」呢？

團體裡一定有「自告奮勇的人」：別人尚未請託，自己就主動說出要有一番作為。

這種人不一定是幹部或前輩。有些人雖然年輕，卻能號召年長的前輩共襄盛舉。

打個比方，假設現在有個課題是「提高本月的營業額」。

此時，即使只是個剛進公司不久的年輕員工，如果他能夠說出「前輩，總經理交代要提高營業額，所以今天下班後我們聚一聚，想想該怎樣才能達到總經理的要求，你說好不好？」那麼他已經是「位在漩渦中心的人」、團體裡的領袖。

說出這句話並非出自於「想要耍帥逞威風」，而不過是因為喜歡工作，心中有純粹的「問題意識」，所以能夠如此罷了。

所以我們要藉由喜歡上工作，抱持著自己主動「製造漩渦」的態度工作下去，而不是被動地遵從上面的指示。

換言之，藉由成為自燃性的人，我們能夠在工作上獲得卓越的成果，並豐富自己的人生。

由喜歡上工作，抱持著自己主動「製造漩渦」的態度工作下去，而不是被動地遵從上面的指示。

第三章

透過工作
才能到達的境地

設定目標然後努力達成，
無論工作還是人生都適用這個規則

你有崇高的目標嗎？

京瓷是以租借在京都市中京區西京原町，一處位於京都郊外的配電盤工廠倉庫，靠著二十八位員工起家的。

當時，只要有事發生，我都會對著這一小群的員工說：

「讓我們一起努力成為這西京原町第一的公司吧！等到我們在西京原町拿下了第一，就繼續以成為中京區第一的公司為奮鬥的目標！當上了中京區的第一後，接下來是京都的第一。要是京都第一的願望也實現了，我們就努力成為日本第一啊！如果我們成為了日本第一，最後當然要做世界第一！」

只不過實際上，遑論是「世界第一」了，就連要成為町內第一，都不是輕而易舉的事。

當時，西京原町雖然是個小城市，但區中還是有頗具規模的公司。

沿著最近的車站到京瓷的路上，有一家工廠叫做京都機械工具，專門生產維修汽車用的扳手和扳鉗。為了配合來自當時日益蓬勃發展的汽車工業的需求，這家公司的機器從早到晚發出轟隆隆的響聲，整天不曾停歇，充滿著朝氣活力。

京瓷又是如何呢？因為還在草創初期，所以對未來充滿期待，而且我們心存如果懈怠不努力、就不會有時間多想其他的風險，所以每個人都夜以繼日地拚命奮鬥。但是，每當我深夜結束工作，路過那家公司門前時，總會發現裡頭燈火通明，還有很多人正在工作。比起京瓷規模大上好幾倍的公司也工作到這種地步，讓我體會即使只是要成為「西京原町第一」，也不是尋常努力所能及的。

混沌不明的狀態，更需要目標指引

縱使如此，我還是不斷地告訴員工們：「讓我們努力成為西京原町第一的公司吧！」而且我也不斷地對員工訴說更大的夢想：「當我們在西京原町拿到第一後，再繼續努力成為中京區第一的公司吧！」

中京區裡，當時已經有足以代表京都的工廠：島津製作所（註：創辦者為島津源藏，成立於一八七五年，主要生產計測器、醫療機器、航空機器等精密機器），近年來還因誕生了諾貝爾獎得主（註：田中耕一因開發出「鑑定生物巨量分子質量分析的脫付游離法」於二〇〇二年獲得諾貝爾化學獎，當時為島津製作所的工程師。二〇〇三年起擔任該公司田中耕一記念質量分析研究所所長）而眾所周知。因此，如果要在中京區裡拿下第一的寶座，勢必先超越島津製作所不可。

當然，我們並沒有明確的計劃，若以當時京瓷的規模和力量來看，這簡直就是以卵擊石，不知自己有幾斤重。

但是，縱使這是個不知天高地厚的遠大夢想、會讓人失神昏厥的崇高

人類與生俱來就有不凡的力量，能夠化夢想為真實。

目標，我們都應該把夢想牢牢地抱在懷中，而且首先最重要的是，把目標清楚地高舉在眼前。

因為人類與生俱來就有不凡的力量，能夠化夢想為真實。

當我不斷想著要成為京都第一、日本第一的企業時，有一天竟然連自己也認為這是理所當然的。而且，對於員工也有同樣的效果，不知從那天起，他們和我共同擁有了極大極遙遠的目標，願意每天全心地努力。

如此的日子，引導我們京瓷走向創業之初沒有人能夠預料到的境界。崇高的目標，乃是促進人類和團體進步的最佳引擎。

很多人會稱讚我的領導才能，但我認為真正的成功，是我堅定無比的信念，感動了上天賜給我一群優秀的人才，我更感謝這群人擁有堅定且崇高的信念，才能一起幫助京瓷站上國際的舞台。

大膽提問，縝密思考

年輕時，我曾經聽過松下幸之助先生的演講，有如醍醐灌頂，十分感動。松下先生講的是有關「水壩式經營」的概念。

草創京瓷時，我對經營還是個門外漢，所以想向成功的經營者學習其中的祕訣。正巧那時我收到了幸之助先生演講會的簡介，於是基於想知道人稱「經營之神」的大師，究竟是以什麼想法從事經營的單純念頭，我報了名，然後滿心期待地前往演講會場。

那一天，因為工作耽擱我遲到了，於是我只好站在會場的最後面聆聽演講。

「景氣好的時候，我們不應該以景氣好的方式經營，而是應該思考景氣變壞時該怎麼辦，在自己從容有餘裕時先行蓄積。換句話說，我們從事經營應該要像蓄水防洪的水壩一樣，設法應付景氣不好時的一切難關。」

幸之助先生所講的意思大致是如此。

如果雨下得很大，就這樣流進河川，河川勢必氾濫引發洪水，導致嚴重災害。所以，要是能夠用水壩攔下雨水，視實際需要斟酌洩洪，不但可以阻止洪災的發生，還能夠讓河川的水不虞匱乏，進而有效利用。所謂的「水壩式經營」就是把這樣的治水觀念運用在經營上。

演講結束後是聽眾提問時間。

一位坐在後方的聽眾舉手問道：「我很清楚您說的水壩式經營，換句話說，就是我們必須採取從容有餘裕的經營策略。即使松下先生您不說，我們這些中小企業的經營者早就這麼想了。可是，就是因為辦不到，所以才覺得傷腦筋。如果您今天不教我們具體的方法，怎麼做才能夠達到從容有餘裕的經營，我們真的很困擾。」他的發言聽起來像是在提問，又像是在抗議。

那時，幸之助先生臉上的神色十分為難，沉默了半晌。

然後，突然地他蹦出一句：「提問很好，但這問題自己不想可不行

渴望提供人前進的動力，但要到達崇高的境界則需要真心的渴望，這是人生不變的道理。

啊！」就閉口不語了。我還清楚記得，大概是因為大家認為這句話根本算不上是回答，聽眾不禁啞然失笑。

但是，就在那一瞬間，我突然感覺到一股電流流竄全身。

「自己不想可不行啊！」我被幸之助先生這句像是自言自語，其中卻充滿著千萬思緒的話深深感動。

幸之助先生大概是想要用這句話來告訴我們這個概念吧：「你說你想要實踐從容有餘裕的經營方式，但是，怎麼做才能擠出餘裕，方法可是琳瑯滿目、千差萬別。你的公司應該有你公司自己一套的做法，所以我沒有辦法告訴你該怎麼辦。但是，首先你自己一定要認真地思考：絕對必須做到有餘裕的經營，這樣的想法才是所有一切的開始。」

換言之，幸之助先生想要說的是：如果只是「辦得到就好」的心態，絕對無法成就崇高的目標或夢想。關鍵在於你是否真心想要從事從容有餘裕的經營。如果是真心的，你一定能夠卯起全力去思考具體的策略，然後蓋好自己的「水壩」。

讓願望成為「潛意識」

「想法一定會實現」這已經成為我人生的信念，我也不斷身體力行地驗證這句話。

因為人們只要強烈地祈求「無論如何我都想這樣」，該意念一定會轉化成行動出現，然後自然而然朝著實現的方向前進。

不過，它非得是強烈的意念想法不可。

我們的內心必須要有類似「不管如何我一定要這樣」、「我絕對要做到」等，有強烈意念想法做為支撐的願望和夢想，模稜兩可的想法絕對無法產生「願力」。

當我們廢寢忘食、不斷強烈想望，並且終日用盡心力反覆思考這件事時，這個意念想法就會漸漸地滲透到「潛意識」裡去。

所謂「潛意識」，就是不自覺地潛藏在人內心深處的意識。平常它不會表現出來，然而一旦發生意料之外的事情或是緊急危難時，潛意識就會出現，發揮它神奇無窮的力量。

相對地，平常生活中即發揮作用的意識稱之為「顯意識」。人類的意識中，「潛意識」所佔的領域比顯意識大得多，因為其中包括過去不斷重複的體驗、或感受強烈的經驗，一般認為人類就是藉由活用這些潛意識，才能在瞬間做出正確的決斷。

「潛意識」在我們睡覺的時候也不休息，它永遠引導我們的行動朝著目標得以實現的方向前進。

「潛意識」擁有的神奇力量，或許以駕駛汽車為例，各位比較容易想像。就好像剛學會開車的時候，我們手握方向盤、腳踩著離合器和煞車一樣，我們腦子裡會思考每一個動作，也就是說，我們是用「顯意識」在開

讓願望深化為「潛意識」，它永遠引導我們的行動朝著目標得以實現的方向前進。

車。久而久之習慣了之後，就算我們不一一思考每個操作順序，還是可以無意識地開車。或許偶爾邊開車邊想著工作上的問題時，會出現驚險的狀況嚇得自己一身冷汗，可是還不至於發生車禍。

那是因為開車技術滲透進了「潛意識」，所以就算不使用「顯意識」，身體也會自主地動作。

對於工作，我們也應該有效地使用這種「潛意識」。舉例來說，往往我們強烈「希望這樣做自己的工作」時，突然間腦海裡就會閃過絕妙的點子。這也是「潛意識」。

當我們每天都拚命思考時，這個意念想法便會慢慢地滲透進潛意識。於是，即便你不特意去意識它，「潛意識」仍舊會在你意想不到的時候發生作用，讓你靈機一動，獲得絕妙的構想。而且，這種「突然乍現的點子」時常會幫助自己一下子解決現在遭遇的問題。

願望化為願力的關鍵意識

我想這種情況只能用「神的啟示」來形容。

我也常有類似的經驗。

其中一件事是發生在京瓷正企圖發展新事業的時候。雖說是開展新事業，不過我們並沒有具備新領域的專業知識。我們雖然確信——只要把京瓷的技術帶進新的領域中，一定能夠開創出讓人刮目相看的事業，然而讓我們煩惱的是，實際上我們擁有的人才和技術，與其之間有明顯的落差。

就在這個時候，我有一場出乎意料之外的邂逅。

在某個聚會上，朋友介紹一個人給我認識。交談中我知道他很早以前對我們這個新領域就很感興趣，是箇中高手、非常優秀的專業技術人員，於是我趕忙聘請他進公司來，接著，新事業就如順流而下的船隻一般，自此一帆風順。

或許大家會覺得這純粹是偶然巧合，但我認為這是因為我的「潛意識」，也就是我日夜不斷思考的緣故，所以會得到這樣的結果是必然的。如果我沒有抱著幾乎成為「潛意識」的強烈願望，縱使最棒的人才走過我的面前，我也會任由他在我眼前平白消逝，而沒有半點察覺。

要達成崇高的目標，首先的前提是：必須抱持足以「滲透到潛意識」、強烈且持續的願望。

竭盡所能，自有天助

爬山時，唯一的方法就是靠著自己的雙腳從平地一步一步穩扎穩打，朝著山頂挺進。

其中一步又一步的小小累積，不久之後將可以幫助我們征服超過八千公尺的高峰、登上喜馬拉雅山。

即使我們觀察古今中外偉人的足跡，也會發現他們都留下了超乎常人，孜孜矻矻努力向上的腳印。或許這是因為神明就只願意對終其一生，堅持著一步一腳印努力不懈的人，施以成功的果實。

相反地，因為認為「腳踏實地的努力根本是件蠢事，這樣做鐵定會讓自己落後別人一大截」，於是心裡想著有沒有什麼更輕鬆的方法，而厭惡每天扎扎實實認真努力的人，絕對無法成功。

拚盡全力，還是被退了二十萬個樣品

我想起了這麼一件事。

那是京瓷剛草創，還不到十年光景的事情。我們得到了來自世界級電腦大廠ＩＢＭ公司下的訂單，要我們生產具備超高性能的先進陶瓷零件。雖然我們對於超過當時技術水準的這個要求非常苦惱，但是我們仍舊絞盡腦汁，試圖製作完成。不過，每次我們交出試作品時，對方總給我們貼上「瑕疵」的標籤。

我們傾注了當時京瓷一切的力量和技術，歷經一場苦鬥後，以為終於完成了符合對方要求的產品，不料旋即全部被判定為瑕疵品，沒有一個過關，總數二十萬個產品樣本全遭退貨。

「我們已經盡了全力了！」——就在這樣的氣氛籠罩著整個公司的某個夜晚，我瞥見了一位年輕的技術員呆站在燒製該產品的鍋爐前，一動也不動。

我走近他身邊，發現他肩膀顫抖，正在哭泣，好像在訴說雖然他使盡了一切辦法，可是就是無法做出理想的產品，整個人意氣消沉、頹廢沮喪到了極點。

「今晚就到此為止，回家吧！」

即使我這樣勸他，他還是站在鍋爐前不肯離去。

看著他這個樣子，我不禁脫口而說了句：

「喂！你向神明禱告了嗎？」

「什麼？」

「燒製之前，你有向神明祈禱說：『求您保佑我能夠成功』嗎？」

他聽到我這樣問，好像覺得相當訝異。可是，我還是自言自語地嘟嚷了幾次，後來，他好像茅塞頓開一樣點了點頭，說：

「我懂了，我要從頭再試一次。」又回去工作。

之後，他所在的研發團隊，克服了一次又一次困難的技術課題，終於成功開發出符合高水準要求，「如全新紙鈔般毫無皺摺、觸感極佳的產品」，而且不只如此，他還如期地完成兩千萬個，聽起來像是天文數字遙不可及的產品數量，依約交到客戶手中。

「你向神明禱告了嗎？」——這句話一點兒也不像是技術人員應該講的話。要是有人在旁邊看著大概會以為這兩人是不是發瘋了吧！

當你甚至願意連缺乏科學的方法都願意一試，就足以證實你有多大的渴望去達成目標。

但是我想要藉此表達的是，你是否使盡了全力？當你在盡人事後，才可能心安理得表示，最後只剩下祈求神明、等待天命一途。你是否比別人都更要努力，像是把自己的身體整個掏空一樣，將自己的「意念想法」嵌進產品中？

唯有當你的意念能夠強烈到這種地步，使出所有一切的力量時，「神明」才會現身，並且出手相救。

所以當我們面對困難的工作、或是要完成崇高目標時，絕對不可或缺的是對工作全心一意的專注投入，而這份意念能夠感動神明：「如果你都已經努力至此，我不來助你一臂之力成就這個願望，說不過去吧！」

你渴望無可比擬的成就嗎？

「要付出不輸給任何人的努力」——這是我常掛在嘴邊的一句話。

大家都知道努力很重要，如果別人問道：「你在努力嗎？」幾乎所有人都會回答：「是的，我會盡力而為。」

但是，若置身於大家都在努力的環境中，就算自己再怎麼持續著與常人一般的努力，也只不過是在做一件理所當然的事情，要想因此成功，簡直就是奢望。在處處充滿競爭的環境裡，如果沒有不斷付出比常人更多、不輸給任何人的努力，大概很難期待豐碩的成果啊！

「不輸給任何人」這個想法是很重要的。

如果是在工作上想要成就一件事，就不可吝惜付出無垠無際的努力。人生中絕對沒有不付出超乎常人的努力、便能取得偉大成功，並且使成功不斷持續出現的便宜事。

草創京瓷之初，每天晚上究竟是幾點回家？幾點就寢？——對此我幾乎沒有任何記憶。

所謂「不輸給任何人的努力」的定義，是不可能會有類似「因為已經做到這樣，算是可以了」的想法存在。我們必須不設終點，永無止盡追求不斷往前設定的目標來努力。

不過，就在我持續如此努力的時候，員工們發出了不安、不平之鳴。

「一直這樣無止盡地努力，身體那受得了？大家現在累得都要倒下了！」他們說。的確，我發現每個人都是滿臉倦容。

那時我左思右想，故意狠下心腸，說道：

「你們想想，經營一家公司，不就像是參加一場四十二・一九五公里的長程馬拉松賽嗎？以前從來沒有跑過馬拉松、可說是門外漢的我們，就像是後來才加入這場長程賽事的外行跑者。如果明知如此還要參加這場比賽的話，我希望自己是以跑一百公尺短跑競賽的態度向前衝刺。或許有人會認為這樣亂來的跑法，身體會承受不住，但是對於已經遲到參加，又沒有馬拉松經驗的我們，只有這條路可走。如果我們做不到，倒不如一開

人生中絕對沒有不付出超乎常人的努力、便能取得偉大成功，並且使成功不斷持續出現的便宜事。

始就不要參加了！」我這樣說服自己的員工。

京瓷是最後一家加入製造先進陶瓷行列的公司，沒有資金、沒有技術、更沒有設備，可說是要什麼沒什麼，所以這不是個可以從長計議的選擇題，而是攸關生死存續，除此之外別無他法，迫在眉睫的緊急決斷。員工們理解了我的想法後，儘管看在外人眼裡可能會覺得這想法過於莽撞，他們仍願意跟著我繼續打拚。

多虧了他們的信任，我們的努力終於開花結果，創業之後大概過了十年，京瓷的股票上市了。

我對員工們這麼說：「原本大家都擔心，如果用跑百米短跑競賽的速度跑馬拉松，到了中途一定會跑不動而脫隊。可是，一旦我們跑了出去，全力衝刺反而變成了慣性，所以我們能夠保持著最快的速度前進。而且，過程中我們也慢慢了解到，跑在前頭的那些跑者，速度並沒有想像中那麼快。所以，我們的速度更快了，現在已經可以看到領先集團。今後我們仍要繼續全力跑下去！」

以跑短距離的速度參加長距離比賽，這種無止盡的努力就是「不輸給任何人的努力」。

普通的努力，不能讓企業、也不能讓人成長茁壯，唯有「不輸給任何

普通的努力，不能讓企業與人成長茁壯，唯有「不輸給任何人的努力」，才能成為人生和工作上成功的驅動力。

人的努力」，才能成為人生和工作上成功的驅動力。

努力是生存的基本

我們常會誤以為，要做到「不輸給任何人的努力」一定是很特別的。大家總認為付出無止盡的努力，是加諸自己身上的沉重命題，事實卻並非如此。

只要看看自然界就知道，不管是動物或植物，沒有不卯足全力活著的。唯獨人類將此視為莫名其妙，只求活得輕鬆。

早春時節，我在自家附近散步。

一株小草從舊城的石牆縫隙探出頭來。

我心想「那種地方也能生出植物來啊！」，仔細一瞧，石頭與石頭之間，只有一丁點的土壤，小草從土壤身上拚命吸取春天的芬芳氣息，然後冒出芽來。

我心想，在之後短短幾個星期的春天裡，小草浸潤在暖烘烘的太陽光下，會伸出葉子、綻放花朵，然後結出果實來吧！因為若不趁早生長，不久夏天將至，灼熱的太陽會毫不留情地打在石牆上，火傘高張，小草勢必凋零枯萎。

從柏油路的縫隙鑽出頭來的無名雜草也是一樣。

在一點水氣也沒有、猶如炎熱地獄（註：阿含經中佛陀告訴比丘有八大地獄，炎熱地獄排名第七）般的環境中，各種草類都焦急掙扎，拚命想要活下去。每株草都想比其他草獲得更多的日曬，長得更高更大，所以大家卯起全力競爭，看誰葉子展得比較開、根莖伸得比較長。

但它們並不是為了打敗對方才拚命活著的。

自然界裡所有的生物，原本都是為了謀求自己的生存而竭盡全力的。絕對沒有一種植物不是用盡全力在活著，因為不努力的花草，就無法生存下去。

動物也是一樣。如果不拚死命活著，就不可能活下來，此乃自然界的定律。

然而，唯獨我們人類只要談到「不輸給任何人的努力」或「拚命地活著」，反而會猶豫、會思考真的有必要這麼做嗎？但實際上這是再自然不過的事。

換言之，我們不是為了追求成功才拚命工作，而是順應自然，本就該努力、全力以赴地面對自己的工作，這就是生存的基本。

第四章

每一個今天都全力以赴

持續就是力量

從「平凡」變成「非凡」

人生無非就是「每個瞬間的累積」。

現在這一秒鐘的累積會成為一天，一天的累積會成為一星期、一個月、一年，然後成為這個人的一生。

另外，「偉大的事」也是來自於「平凡小事」的累積。

即使令人驚嘆的重大成果、或是我們以為唯有天才才能夠完成的豐功偉業，其實大部分都是非常普通的凡人，勤勤懇懇地一步一腳印所累積的結果。

換言之，我們沒有辦法像坐噴射機一樣，一瀉千里地飛向夢想描繪的地點。千里之行起於一步，任何一個偉大的夢想，都是累積了緩慢且一步又一步的腳印之後，才得以成就的。

就連埃及的金字塔，也不過是由許多默默的無名英雄，辛勤地重複著打下穩固基礎的作業後所成就的結果。他們把切割下來的巨石一一堆疊上去，數量說不定高達幾百萬、甚至於幾千萬，而且只能憑人力與簡單的輔具，扎實地靠著人的力量，先把巨石一個個運來，然後往上堆疊。

千里之行起於一步，任何一個偉大的夢想，都是累積了緩慢且一步又一步的腳印之後，才得以成就。

正因為這些金字塔是持續進行了如此讓人嘆為觀止的工程，所完成的汗水結晶，才能超越悠久的歷史長河，時至今日仍舊展現其傲人的英姿於世人眼前。我們每個人的人生，又何嘗不是如此！

藉由「持續進行」一件事，不但可以到達原本以為遙不可及的地方，還可能讓一個人真正成長茁壯。

以前京瓷位於滋賀縣的工廠裡，有位國中畢業的作業員。

只要我告訴他「這個你要這樣做！」，他馬上點頭說「好」，接下來的每一天，即使雙手烏漆抹黑、全身汗流浹背，他仍不厭倦地繼續做我交代的工作。他在工廠裡是個一點兒也不起眼的員工，只是勤勤懇懇地反覆做著單調又制式的工作，沒有發出半句抱怨或牢騷。

二十年後，我又再見到了他。

讓我驚訝的是，那時勤勤懇懇地重複著制式又單調作業的他，竟然出人頭地當上了一個部門的部長。我驚訝的不光只是他的職銜，還有他的成長，他成為了一個人格和見識俱全的卓越領導者，讓我幾乎忍不住發出讚美之聲：「太厲害了，竟然能夠成長至此！」

他本來只是個極不顯眼的存在，總是做著單調重複的事，但他憑著勤懇懇的態度，一件不落地完成他的工作，能夠把如此平凡的他改變成非凡的，正是不厭其煩累積樸實無華的努力，長期堅持的這股「持續的力量」。

正如愛迪生所說，成功的要素中，「靈感」和「才能」（inspiration）所佔的比例不過只有一％，剩下的九九％是「樸實的努力」和「汗水的耕耘」所交織出的甜美果實。

單調、重複的工作所累積的非凡成就

到今天為止，身為一個經營者，我參與了許多次晉用人才的過程。其中有不少次我遇到了「像『刮鬍刀』般犀利的人」。

所謂「像『刮鬍刀』的人」，就是大家口中才氣縱橫的人物，聰明才智自是不在話下，工作的領悟力也非常快。其中，甚至出現過剛進公司，就足以另眼看待的「聰明」人物：「他將來極可能會負起公司的重責大任吧」。

另一方面，也有形成對比的「駑鈍的人」。雖然姑且聘用一試，可是這種人不但不聰明伶俐，也不會察言觀色。真要從中挑個優點，這種人物大概「只有認真是他唯一的長處」。

想當然爾，經營者會寄予期待的人才絕非後者，一定是前者。甚至會希望，要是有人萬不得已要辭職，也是後者而非前者。

可是，現實生活裡往往發生完全相反的情況。

也就是說，偏偏是你最不希望他走的「像『刮鬍刀』的人」，或許是因為他眼光獨到、慧眼獨具，他會馬上對工作絕望、棄公司於不顧，拍拍屁股走人。然後，會留在公司裡，陪公司度過一個一個難關的人，都是那些打從一開始就少有期待的「駑鈍的人」。

之後我對自己的識人不明感到非常羞愧。

「駑鈍的人」會不厭倦、不懈怠地專心做好自己的工作。就像尺蠖

（註：昆蟲綱鱗翅目尺蠖蛾科。行動時身體上拱，屈伸而行，似人以手丈量距離，故稱為「尺

蠖）爬行一樣，十年、二十年、三十年，不厭其煩持續努力，只是一個傻勁地、認真地、勤懇地、誠實地不斷工作。

接著，隔了相當長的一段時間，我才注意到，曾幾何時這些「駑鈍的人」居然徹底變身成為了「非凡的人才」，讓我驚訝不已。當然，他們並不是在某個瞬間脫胎換骨，學會了超凡卓越的能力。

他們是累積了比別人加倍的辛苦，而且即使如此仍舊咬牙拚命地「工作」，一步一步地累積出自己的成就。

他們沒有如豹一般敏捷俐落的身手，而是像牛一樣，笨手笨腳的，憑著一股傻勁堅持做著一件事情。這不但磨練出他們的能力，也淬煉出他們的人格，使他們成為不凡的人類。

如果現在有人怨嘆自己只有「認真工作」的才能，我想要對他說：這份「傻勁」才是你要高興的。

即使看起來枯燥無趣的工作，如果你能頑強堅持下去，這份「繼續堅持的力量」能夠把你的工作引導到成功的方向，使你的人生有價值。

世界上被譽為「天才、名人」的，也都是發揮這種「繼續堅持的力量」的人。因為他們藉由長年無止盡的努力，使得高超的技藝和美好的人性能夠內化為自己所有。

專心致力於一件事，不心焦也不氣餒；不管任何事情發生，都要不屈不撓堅持下去。這樣才能夠確實地把人拉拔成長，進而使人生開花結果。

只要比昨天向前多跨一步

人生永遠在迷惑中打轉。

或許愈是認真致力於工作，產生的迷惑更大。「我為什麼在做這種事？」、「我做這份工作的目的何在？」愈是認真、拚命的人，愈會為了諸如工作的意義、工作的目的等根本問題而煩惱。

以前的我也是如此。

我在第一份工作的公司研究室時，每天都在嘗試錯誤中度過。

當時，在無機化學領域的研究者中，有些人雖然年紀與我大致相仿，但已經申請到了獎學金去美國留學；也有些人是在知名的公司，運用最先進的設備從事尖端實驗。

相較之下，我卻是在一家連像樣的設備也沒有的破公司，日復一日整天就只是攪拌著粉末的原料。

「每天光做這種事，到底能做出什麼研究成果呢？」——我甚至自問，「自己的人生究竟會如何？」

那時過的日子，就像是洩了氣的皮球一樣。

一般人會說，要解除這樣的迷惑，「最好是朝未來看」。換言之，不要被眼前的事物牽絆，要以長遠的眼光，描繪自己的人生設計圖，把自己現在的工作定位在一個更長的量尺上去衡量。

或許這是個合理的方法，但是，我採用的卻是和它完全背道而馳的策略。我故意選擇站在短期的角度，定位自己的工作。

因為我不具備「看遠的眼光」。將來，我能完成多少研究成果？自己的人生會怎麼樣？所以我決定只看當下。換句話說，我發誓今天的目標，今天一定要達成，並決定以天為單位檢視工作的成果和進度，然後確實實踐完成。

我告訴自己：每天至少要向前跨進一步；每個今天要比昨天更往前推進，即使只有一公分也好。

而且，不只是向前挺進一步，我還要求自己藉由每天的反省，每個明天都一定要加上「一個改良」或「一個巧思」。

接著，不管是驟雨狂風、還是槍林彈雨，我都傾注全力，要求自己每天一定要累積一個達成的目標和創意巧思。剛開始時，可以先持續一個月，接下來嘗試堅持一年，後來再試著持續五年、十年。如此一來，應該就可以挺進到當初連作夢也不敢妄想的地方。

我們要以今天一天為「生存的單位」，竭盡全力去過每一天，並且拚命工作。如此紮實穩健的腳步才是最適合人生王道的步伐。

每天至少要向前跨進一步；每個今天要比昨天更往前推進，即使只有一公分也好。

竭盡全力經營每一個今天

每天都要持續過著內容精采的「今天」。

這個態度也反映在京瓷的經營上。

一路走來，我們京瓷公司始終沒有訂立長期的經營計劃。接受報社記者專訪時，他們常會問到有關於中長期經營計劃的問題。每當我說「我是決定不訂長期經營計劃的」，他們各個都顯露出不可思議的表情。

為什麼不訂長期計劃呢？

因為通常眼光擺在長遠未來的計劃，最後都是以落空收場。

「幾年後我要把銷售量提高到多少，人員要怎麼處理，設備投資要如此這般……」就算我們把藍圖描繪得多麼清楚，一定會發生超乎預期的環境變化或始料未及的事情。於是，迫於無奈只得變更計劃或向下修正，有時候甚至必須放棄整個計劃。

如果變更計劃的情況一直持續，以後不管訂立怎樣的目標，員工必然會心生不屑，認為中途一定會變更，進而削弱了員工的士氣和對工作的熱忱，也會動搖他們對組織的信任。

而且，目標愈遠大，就愈需要不斷的努力，不屈不撓堅持到底。但是，如果人類發現不管自己多麼地奮發努力，就是難以接近終點目標時，心情便經常容易沮喪消沉，或是就此妥協，認為「雖然目標還沒有達成，不過能夠做到這裡，應該可以了吧！」

從人類這種心理層面來看，到達目標的過程太長、也就是終點太遠的目標，往往多會以挫折收場。

要是計劃會半途作廢，倒不如一開始就不要設——這是我的想法。從京瓷草創之初開始，我就只訂立一年的經營計劃。

三、五年後的事情，誰也無法正確預測。但是，一年後的事情，應該可以大致掌握，不會有太大失準。所以，我把僅有一年的計劃又再細分出每個月、甚至每一天的目標，勵精圖治務必達成。

竭盡全力經營每一個今天！只要每個今天都拚命工作，一定可以看到美好的明天。

每個月都卯起全力奮鬥！只要每個這個月都卯起全力奮鬥，就可以看見光明的下個月。

每年都要過得充實！只要每個今年都過得充實，便能夠迎接光輝燦爛的明年。

就這樣，充實每個剎那瞬間，越過一座座小山，綿延不絕地累積小小的成就感，並且永不間斷地持續下去。乍看之下，似乎有點拐彎迂迴，但這才是為了實現崇高且遠大的目標，最確實可靠的道路。

越過一座座小山，累積小小的成就感，永不間斷地持續下去。乍看之下有點迂迴，但這才是實現崇高且遠大的目標最可靠的道路。

別被現在的能力，限制未來的發展

制定長久計劃時，應該把執行內容落實到每一天，與之相對地在訂立目標時，則要設定「高出自己能力以上的目標」，這是我一直以來的工作準則。

我們必須下定決心：要在「未來的某個時間點實現達成」現在看來「根本做不來」的困難目標。

然後，配合這「未來的某個時間點」，思考如何將自己現在的能力提升到足以落實該目標的方法。

若我們用的是自己現在的能力來決定「辦得到」還是「辦不到」，絕對無法挑戰新事物，達成更高更遠的目標。如果沒有「就算現在能力辦不到的事情，我也要想方設法讓它完成」的強烈意念，實不可能開拓新領域，達成遠大的目標。

我把這種做法稱之為：「以未來進行式思考自己的能力」。

意思是指「人類具備無限的可能」。換言之，我想要告訴各位的是：「人類擁有朝向未來無限延伸的可能。我們要相信這一點，為自己的人生築夢！」

然而，很多人在工作或人生中卻常把「我辦不到」掛在嘴邊。大家都是以自己現在的能力去思考，然後馬上做出了「辦得到」或「辦不到」的判斷。

事實並非如此。人類的能力，因應未來需要，一定會成長進步。

試想，各位現在從事的工作，幾年前難道不是你原以為「根本做不來」的工作嗎？但是，現在不是信手拈來、簡單之至？

上帝造人時，特別恩賜人類在任何的時間點都能進步超越的能力。因此，與其說：「我沒有好好念書，所以身上沒有半點知識和技術。我做不來。」應該這樣思考：「我沒有念書，所以沒有知識和技術。但是，我有企圖心，所以明年一定可以辦到。」

接著，從當下起，若能夠用功苦讀、獲得知識、習得技術，應該就能在未來讓隱藏在自己體內的能力開花結果，成就卓越不凡的成長。

我相信，沒有人會輕易放棄人生，因為人與生俱來就渴望進步，弔詭的是當人遇到困難時，又很容易脫口而出「我辦不到」，可別小看這四個字，它們會在任何時刻阻礙你成長與前進。如果你不甘心人生就這樣而已，請現在就把「我辦不到」的念頭，改變成「我現在還辦不到」，光是還這個字，就能大大翻轉你的行動。

絕對不可以說「辦不到」。當有難解的課題來到面前時，首先你要相信自己有無限的可能，這是勝利的先決條件。

你先要讓自己相信「或許現在的我辦不到，但只要努力，一定可以克服」。接著，你必須絞盡腦汁，具體思考如何才能增長所需的能力，這樣才能為自己打開通往光明未來的大門。

人類的能力，因應未來需要，一定會成長進步。所以請把「我辦不到」，改成「我現在還辦不到」。

把「辦不到」變成「辦得到」

京瓷從創業時期開始，就常常主動接下其他公司表示「辦不到」的工作。大家一聽，可能會以為京瓷從創業開始就自恃擁有卓越的技術能力，可是事實絕非如此。對於一個只要輕輕一吹就會連根拔起的公司來說，這是我們唯一的生存之道。

如前所述，我們最初著手製造的是針對松下電子工業所需要的電視機映像管絕緣零件。

雖然成立京瓷之後，我們順利持續生產該零件，但光靠這一個產品，經營上還是會覺得不踏實，所以接著我以此技術和成果為基礎，思考如何橫向開展。也就是說，我開始向東芝、日立、NEC等大型電子工廠進行推銷工作。

首先，我到各廠商宣傳「本公司擁有製造先進陶瓷成分的絕緣零件的技術」。可是，這些大型企業早就向老字號的陶瓷工廠，訂購了這種絕緣零件。

再者，大企業的技術部門對於把訂單交給像京瓷一樣根基不穩、一吹就會倒的公司，是心存疑懼不安的，所以當然不會把已經拜託老字號陶瓷工廠製造的產品，重新轉交給京瓷這種新起步的工廠。

因此，每次前往拜訪，對方幾乎都會反過來向我們打探一些開發困難產品的可能：「要是你們有先進陶瓷的技術，那麼這種東西你們做得出來嗎？」但這些東西連老字號的工廠都做不出來，怪不得他們的訂單都被打回票。

這時如果連我也告訴他們「本公司做不出來」，一切就無望結束了。

就算是「吹牛」也要辦得到的野心

其實我明知道，自己公司只有製造構成映像管中電子槍絕緣材料的技術，可是我只能爽快地答應客戶的要求，告訴他「可以，我們辦得到」。因為我別無選擇，如果我不這樣說，對方對我們公司就不會再有興趣，如此一來，公司終有一天會出問題、經營不下去。

但是，既然已經對客戶說出「可以，我們辦得到」的保證，要是沒有拿出成果來，鐵定不會再有下一次新的工作機會。也就是說，無論如何，我們必須想盡一切辦法，把「辦得到」的謊言變成事實。

就這樣，我接下了一次又一次當時根本無能為力的工作，對此，員工們各個面面相覷、驚訝不已。

他們直接否定我：「我們明明連設備都沒有，怎麼可能做出來？」——員工所言不無道理，因為當時的京瓷確實沒有可以做好這些工作的成果和技術、設備。

但是，我鼓舞激勵大家：

「設備可以用租的、買二手貨也行。大家認為我們技術上辦不到，那只不過是就『現在』來說罷了。只要我們相信自己辦得到，不斷努力，終有成功的一天。讓我們朝向這個目標，投注一切力量和熱情吧！」

把「辦不到」看成「辦得到」，然後不斷努力直到真正「辦得到」為止——或許要從不可能中生出可能的「成長茁壯」，的確有點匹夫之勇。

但正是這種莽撞胡來而獲得的「成長茁壯」，使京瓷提升了技術能力，成就實際績效，開創出邁向成功的光明大道。

人類的能力絕對不是固定不變的。掌握能力，應該要用「未來進行式」。我們要採取回推法，從應該要到達的未來那一點往回算——一邊酌量自己現在的能力——一邊思考如何提升自己的能力。

面對未來的目標，我們應該把它設在比自己能力多出二成或三成的地方，做為障礙，期許以後可以跨越。

然後朝向未來，持續不吝惜地注入不輸給任何人的努力。

如此「以未來進行式思考自己的能力」的態度，才是達成更高更遠的目標時，最為重要的。

認為「已經無望」時才是工作的開始

「著手進行的開發研究務必要求百分之百成功」——此乃我的信念。

成立京瓷之後，過了十五年左右的事，我曾經在某家知名企業將近兩百名研究人員的面前，做過一場有關如何進行研究開發的演講。

在場的全都是平日從事高度技術開發的優秀人士，大多數還頂著博士的學歷。演講結束後，進入提問時間，其中有人問道：「京瓷研究開發的成功率大約是多少？」

「在京瓷，我們著手進行的開發研究務必要求百分之百成功。」當時，我如是回答。

於是，大家發出驚訝之聲的同時，旋即有人提出反駁：「怎麼可能有研究開發的成功率達到百分之百的事情，別說笑了！」

我這樣回答他：「因為在京瓷，我們會不斷做到研究開發成功為止，所以沒有失敗收場的情況。」

聽到我這樣的回答，會場中發出哄堂笑聲。

但是，我說這話是認真的。

因為我相信開始做某件事後，心存著「不成功誓不罷休」的強烈意念，以及不斷做下去直到達成為止的「堅持繼續的力量」，正是成功的必要條件。

我們需要的是百折不撓的毅力，不把覺得「已經不行了」的時間點當做終點，而是把它視為工作再出發的起點，成功到手之前絕不放棄。另外，不給自己設限，永無止盡的挑戰心才能夠化危機為轉機，就算失敗也能重新回到通往成功的路上。

別把覺得「已經不行了」的時間點當做終點，而是把它視為工作再出發的起點，成功到手之前絕不放棄。

沒抓到獵物，就絕不回家

狩獵民族靠著手裡拿著一支槍或一把吹箭，腰上纏著幾天份的食物和水，追捕獵物，以維持一家的生計。但他們當然也不是如探囊取物般可以輕易捕捉到獵物。

他們要花上好幾天不斷追蹤動物留下的腳印，接著想辦法找到牠們的巢穴，拚上性命，最後與以致命一擊。取其性命之後，則必須扛起死屍，走回家人們引頸企盼的住所，路程大概也要費上好些天。

為了在如此嚴峻的環境條件下存活，他們最需要的是強烈意志。一旦定好狩獵目標，勢必追趕到底，絕不中途放棄，便是這種近乎執著般強烈的意志。

狩獵民族擁有這種一旦咬住絕不放手的執著，同樣是我們在工作上必須具備的「獲得成功的絕對必要條件」。

「認為已經無望時才是工作的開始」的想法，根深柢固地存在於京瓷之中。

「我們已經黔驢技窮，不行了！」即使工作上面臨窘境，還是不能把它視為終點，應該要把它當成是第二的起跑點。接著，從中拿出更堅強的意志、鼓起更真摯的熱情，不管發生什麼事，一定堅持貫徹到底——如此更勝於狩獵民族的堅忍毅力，才是為了達成目標所需要的。

別錯過苦難帶來的巨大機會

我們應該這樣想：痛苦難受，都是給我們的機會。

因為苦難才能讓人成長茁壯。

且另一方面，一帆風順時反而容易犯錯。

舉例來說，我們時有所聞：事業飛黃騰達的經營者常會耽溺於成功，傲慢自大而犯下過錯，於是晚節不保，讓好不容易耕耘有成的公司陷入搖搖欲墜的經營危機。

雖說興衰榮枯是世間常情，可是如此令人扼腕的悲劇，現在卻理所當然、比比皆是。

遭遇失敗或苦難時，你能夠不抱怨、不憤世嫉俗，忍受且不斷努力，一步一步確實拉近與成功的距離，終將逆境變成順境嗎？又或者，面臨成功或幸運時，你能夠不驕矜，坦率真誠地感謝，進而持續努力，讓成功繼續持久嗎？

無論是苦難還是成功，都是在試煉我們。

就如同我最初所說的，剛進公司開始埋首從事研究時，也常常會被

遭遇失敗或苦難時，你能夠不憤世嫉俗且不斷努力，一步一步確實拉近與成功的距離，終將逆境變成順境嗎？

負面的思緒折磨得遍體鱗傷：「為什麼這麼多不幸，一次又一次地擊我？我的人生究竟會怎樣？」

我當時既沒有上司給予研究指導，也沒有齊全的研究設備，每天都單打獨鬥摸索研究的方法。

那時，每當我被寂寞、痛苦、孤獨……等思緒侵襲，就會在晚上，一個人坐在宿舍後面的河堤上，仰望夜空。

不管是滿天星斗的夜晚、還是月亮高掛的夜晚；無論是陰暗多雲的夜空、亦或是即將要下起小雨的暗夜，我都是一個人抬頭仰望著天空，靜靜地遙想故鄉，思念著父母、兄弟，低吟著「故鄉」等歌曲或童謠。

聽說宿舍的前輩們看到我這個模樣，時常低語：「稻盛又在哭了。」

但是，這是我用來療癒自己痛苦難受的心靈，重新振作奮發的一套方法。

所以，當我唱完歌，返回宿舍時，就不再感到痛苦和孤獨了。至今我仍清楚記得，我總是帶著面對明天的希望和勇氣，開朗愉悅地走回宿舍的。或許是那些歌曲和童謠給了我勇氣和力量吧！

苦難不會永遠持續。當然，幸運也不會永遠長駐。得意之時不驕縱，失意之時亦不氣餒，堅持每天拚命地工作，比什麼都來得重要。

即使身處試煉中，每一天仍舊不斷拚命努力，才是孕育成功種子的不二法門。

痛苦難受，都是給我們的機會。每一天不斷拚命努力，才是孕育成功種子的不二法門。

拋開覆水難收的煩惱

人生，難免有失敗。

但絕不可因此愁眉苦臉，徒做感性的煩惱。

有道是「覆水難收」，一旦打翻的水是回復不了原狀的。「我怎麼會做出那種事？要是我沒做就好了！」就算成天如此鬱卒煩惱，事情也不會改變。所以，根本無須憂愁傷神。

我們必須要做的是，好好思考失敗的原因，深切反省。而且必須嚴厲自省：「為什麼我會做出那種蠢事？」但充分反省了，之後就要徹底忘記，不再放在心上。不管是人生還是工作，若一味用悔恨懊惱折磨自己，百害而無一利。

充分反省之後，就要朝向新目標，抱持著光明的希望，奮發行動。

的確，現在的環境確實不太好，對任何人來說都極具挑戰。不過，每個時代都有每個時代的困難，為了生存必須拚命的努力，這也是自然的法則。人生不如意事十常八九，就算我們競競業業做好份內的工作，依然無

苦難不會永遠持續。當然，幸運也不會永遠長駐。得意之時不驕縱，失意之時亦不氣餒，堅持每天拚命地工作，比什麼都來得重要。

法阻止無常到訪，避不開意外發生。但也別忘了，凡事有時，痛苦也有時限，再困苦的狀態都會過去。

我們應該捨去感性的內心煩惱，開朗積極地朝新的方向起身行動。這才是人得以生存下去極為重要的手段。

的確，人類總是在不斷的失敗和錯誤中成長。

我們可以失敗。但是失敗後要能反省，接著跨出新的行動——這樣的人，縱使陷入山窮水盡的絕境，最後終能邁向成功坦途。

認真面對每一場考驗

之前我已經提到，京瓷的第一個客戶是松下電子工業。連同旗下屬於松下電器產業集團的公司在內，我們都尊稱為「松下桑」（即「松下先生」的意思）。

得到他們的訂單時，我們內心充滿感謝：「多虧松下桑的幫忙，京瓷才能夠順利地起步。」可是之後，不管是價格、品質還是交貨時間，松下桑對我們的一切要求都非常嚴格、毫不客氣。

特別是有關價格方面，我們幾乎每年都會收到來自松下桑採購部門大幅降價的要求。能夠獲得他們交付的工作，我們深感慶幸，但要滿足對方減價的要求，可真不簡單。

而且，不僅我們公司有這種感受，有一次我出席許多松下桑供應商的聚會時，他們對松下桑也是怨聲載道：「簡直是欺負我們這些下游供應商嘛！」不滿聲浪此起彼落。對於松下桑過份嚴苛的要求，我也曾經發怒，幾乎要跟對方負責採購的人吵起架來，所以不是不能體會他們那種幾近怨恨的不滿情緒。

但我還是帶著強烈的感恩之心，感謝松下桑「願意磨練京瓷」。我認為嚴格的要求正是鑽研技術的絕佳機會，它給了好不容易開始起步的我們鍛鍊筋骨的試煉。

如果不能滿足這種程度的要求，我自己和公司終究都只能停留在二流、三流之列吧！所以，我認為怎麼都不能輸，一定要正面迎接這個難得的機會。

因此，松下桑開出的價格我們照單全收，我們絞盡腦汁思索該怎麼做才能打平收支，並且想辦法降低成本到最低限度。

創業之後過了幾年，京瓷接到來自美國西岸、當時日益蓬勃發展的半導體產業的訂單，開始做起外銷出口的生意時，我由衷地感謝松下桑。因為和美國的同業相比，我們所製造的產品不但品質精良，價格競爭力也遙遙領先。

當我發現我們的優勢時，「松下桑，真謝謝你這麼栽培我們！」我在心中雙手合十、滿心感謝。

可以失敗。但是失敗後要能反省，接著跨出新的行動─這樣的人，縱使陷入山窮水盡的絕境，最後終能邁向成功坦途。

我們之所以能夠具備世界暢行無阻的技術，都是拜松下桑給我們嚴苛無比的要求所賜，是我們為了滿足這些要求，拚死命努力得來的結果——松下桑無心插柳給我們的試煉，讓我們在不知不覺中增強了自己的力量，並擁有了世界級的競爭力。我不由得想要對松下桑起立致敬。

相對的，那時對松下桑淨是牢騷抱怨，完全沒有付出努力的零件工廠中，不少最後都破產倒閉、不復存在。

是要負面消極地看待自己所處的環境，內心堆疊滿滿的憎恨怨懟？還是要把困難的要求當成是讓自己成長的機會，正面積極地接受它？

選擇不同的道路，到達的終點將截然不同，工作如是，人生亦如是。

無論多麼險峻的高山，也要垂直地攀登上去

我曾經在最初任職的公司，因為基於自己的理念做事，遭到前輩、上司、甚至於工會的責難，最後在公司裡孤立無援。

那時，一位大我五、六歲的前輩——他和我不同，很擅長與週遭的人融洽相處，為人妥善周到——曾經給我這樣的規勸：

「稻盛老弟的做法太直接、擇善固執了。怪不得大家都不了解你。人生有時候需要善意的妥協。那是求生存時不可或缺的權宜之計啊！」

他的一番話，不少地方我都能點頭認同。可是過了不久，對於究竟該不該做到前輩指點的「善意的妥協」，我自問自答了好幾次。

果然，我得到的結論還是一樣：「絕不可以聽從妥協的誘惑！」我唯一會做的，就是不曲折自己的信念，持續拚命地工作——於是我再次重拾初衷，在心裡起誓。

那時，我腦海裡浮現的是自己垂直攀登高聳又險峻的岩山的畫面。一個沒有登山技術和經驗的人，要負起領袖之責，率領同行的成員筆直地攀登險峻的岩山——途中出現害怕得雙腳發軟、或放棄脫隊的團員並不奇怪。如果考慮到安全第一，應該還有從山麓迂迴而上，緩步穩健攀登的方法，不需要垂直地攀爬高聳陡峭的岩山吧！

或許這就是前輩口中的「善意的妥協」、聰明之計策。

但是我決定不走這條安逸之路。

因為我認為，一旦我決定採取走上平坦緩坡的安全策略，那一瞬間我就再也看不到我要攻頂的遙遠目標。說不定採取了安全的方法，不疾不徐費時往上攀爬的過程中，我會把原先企圖站上險峻山巔的初衷忘得一乾二淨。而且我覺得就算沒有忘記，也可以預見自己會中途放棄的畫面：「理想是理想，事實上卻只能爬到這裡而已。我已經盡了全力不是嗎！就到此為止吧！」

我可以想像，如果對自己稍有妥協，脆弱的自己很有可能不顧先前的長久努力，逕自畫下句點。所以我承認自己魯莽無謀，但從今而後，我還是下定決心，再怎麼險峻的高山，仍舊要繼續垂直往上爬。

記得正巧也是那個時候，也算是我的求婚方式吧，我低頭對著未來的妻子說：「對不起，如果到了最後沒有一個人跟在我後頭，妳還願意在後面推我一把，助我一臂之力嗎？」她沒有作聲，只是點了點頭。

如果允許自己妥協，選擇安逸的道路，那一剎那雖然落得輕鬆，但從此不能實現夢想和遠大的目標，之後必然後悔。

重要的是，出現在人生或工作中的高山，不管多麼艱辛，都要繼續垂直往上攀登，不可輕易妥協。

抱持著堅強的意志，每天一步一步堅持不懈努力的人，不管路途多麼遙遠，總有一天一定能夠站在人生的頂端。

允許自己妥協，選擇安逸的道路，那一剎那雖然落得輕鬆，但從此不能實現夢想和遠大的目標，之後必然後悔。

第五章

完美，
來自先肯定自我

如何才能把工作做好？

自信，來自每天踏實的努力

戰時，我叔叔在海軍的航空隊擔任維修技師。

我至今仍舊記得叔叔從戰地歸來時所講的話。

當時，轟炸機裡必須有維修技師同行，但是聽說幾乎所有的人乘坐的都是同事維修的飛機，而不坐自己維修的。雖然維修是拚了全力，但只要有人問：「零瑕疵嗎？」沒人敢自信地回答：「是的，完美無缺。」就是因為對自己沒有信心，所以為了以防萬一，大家都選擇乘坐同事維修的轟炸機。

我曾聽過類似的故事。當自己的小孩或是太太、父母罹患重病時，很多醫生都沒有信心進行診斷。動手術時更是如此，通常他們都會委託自己信任的醫生。大家可能會以為這是因為「面對骨肉至親之情，自會顫抖動不了手」，我卻不這麼認為。

我認為這種情況同樣是因為「對自己沒有信心」。

如果我是外科醫生，而我的親人必須動手術，我想我大概會自己操刀，不委由任何人代勞吧！

若要追究為什麼，我想大概是因為對我而言，「每天」都是殊死決戰，所以透過平日的累積，我對自己的能力深具信心，可以正面與工作對決。所謂「完美主義」，只會出現在每天都採取認真生活態度的人身上。

每一天都以「完美為目標」是一件要求苛刻且非常困難達成的事。但是，如果你真的是以自己能夠滿意的工作為努力目標，那麼，「以完美為終點目標」是你唯一可行之計，也是昭然的事實。

最後一％的努力決定一切

我從年輕時代開始，便以貫徹「完美主義」為我的座右銘。這是我與生俱來先天的個性，也是我後天由從事產品製作的工作經驗中學習到的想法。

在製作產品的世界裡，就算前面九九％進行得非常順利，只要最後的一％的努力鬆懈了，常常會讓整個產品泡湯、前功盡棄。特別是從事先進陶瓷的生產時，一次失誤或一個小小的疏忽往往會成為致命關鍵。

先進陶瓷是把混合了變成粉末狀的金屬氧化物的原料——例如氧化鋁、氧化矽、氧化鐵、氧化鎂等——倒入模型中，加壓塑型後，再放進高溫的鍋爐中燒製。取出後再加以研磨、進行表面金屬加工等，總之成品大功告成前必須經過很長的製作過程。而且，不管是其中的任何一段工程，都要求精緻細膩的技術，不容些許分神。

因此，要製作一個成品，光靠九九%的努力是不夠的。我們永遠要求的是以一〇〇%為目標、「perfect」（完美）的工作態度，當中不允許有一次失誤、半點妥協、和些許偷工減料。

因為鬆懈了最後一%的努力，讓瑕疵品產生後，不用說材料費、加工費用和電費，就連先前投入的時間和努力、智慧等，所有的一切都將毀於一旦。即使只是發生在諸多製程裡的其中一項工程中的些微失誤，也會讓之前的一切努力化為泡影。

這對等著我們完成產品的客戶，也會造成莫大的損失和困擾。

京瓷生產的各種電子工業的先進陶瓷零件，幾乎都是接到客戶訂單後再生產的。也就是說，我們的業務員都是從電子機器廠商等的客戶手中要到如下的訂單：「本廠機器的基礎零件中，想要使用貴公司的先進陶瓷。樣式是這樣，希望在什麼時候前可以拿到貨。」

由於客戶會配合京瓷的交貨日，預訂機器何時開始生產的計劃，所以我們一定得要嚴守交貨期限。但是，一個小小的失誤就會毀掉我們交貨的承諾，甚至摧毀整個公司的信用。

打個比方，眼看著交貨日在即，卻因為一個疏忽讓產品出現了瑕疵。

假設製作產品的總工程為期是二星期，如果此情況是發生在最後出貨前的階段，那麼從頭重新來過就等於要再花兩個星期。

此等狀況，業務員自當火速趕往客戶公司，賠禮道歉並懇求「請再寬限兩個星期！」可是一定會換來對方一陣痛罵：「就是因為拜託了像你們這樣的公司，才讓我們的生產線都停擺了！」有時候，我們的業務員被罵得狗血淋頭：「我們不會再和你們公司做生意了！」回到公司時，堂堂七

防範失誤於未然的唯一之計，就是要讓神經完全保持敏銳狀態，再怎麼枝微末節的瑣事都必須全神貫注。

尺之軀竟眼眶含淚。

歷經這些體驗，使得「完美主義」滲進我的每個細胞。

練就「有意注意」的基本功

防範失誤於未然的唯一之計，就是要讓神經完全保持敏銳狀態。另外，再怎麼枝微末節的瑣事都必須全神貫注。

我將這種心中存有意識、專注面對的心理狀態稱之為「有意注意」；相對的，若因為背後有聲音而回頭，予以注意的心理狀態，我則稱為

「無意注意」。

要抱持著「有意注意」面對工作是很困難的，但只要從平常生活中，心存意識持續下去，應該可以慢慢變成習慣。

接著，如果對任何事都能夠以「有意注意」的態度，全神貫注面對，不但失誤會減少，就算發生一些問題，也能夠立即掌握問題核心，找出解決之道。

對於再怎麼枝微末節的瑣事，都必須屏氣凝神，持續投注一〇〇%的力量。藉由貫徹這樣的「完美主義」，京瓷得以製造出獨創性的產品，同時也持續不斷發展成長。

用橡皮擦絕對擦不掉的東西

能夠把工作做好的人，都是抱持「貫徹完美主義」的人。

這句話應該適用於所有行業和職別，而不僅限於製造業吧！

當京瓷還只是家小公司的時候，曾經發生過這樣的事情。

當時，只要我在會計方面有不懂的地方，就會向會計經理打破沙鍋問到底，讓他不勝其擾。因為我對會計一竅不通，連財務報表的讀法和複式簿記的處理方法都不懂。因此我總是問東問西，也難怪年長的會計經理每次都不給我好臉色看。

不過，雖然我比較年輕，但因為我是他的上司，所以就算心裡不高興，他也不能敷衍了事地應付我。我想他心不甘情不願地回答我時，心裡一定是想著：「這傢伙怎麼都說些無厘頭的話，淨問些幼稚的問題呢！」

有一次，我對會計經理說明的數字不能認同，於是連番提出質疑加以追問。起初會計經理根本不把我放在眼裡，可是在被我窮追猛打之下，終於發現數字有誤。想必他心裡一定很不是滋味吧！結果，他輕輕地說了聲「對不起」，立刻拿出橡皮擦想要把數字擦掉。

不管任何時刻都謹記練就「有意注意」的基本功，才能保證工作成果，並隨之成長。

我實在無法理解這樣的行為。

因為他不知道即使只是一個文字或數字的錯誤，在工作上都會成為致命要害。這要是發生在製造先進陶瓷上，一定會讓前功盡棄、全部泡湯。

所以，那時我有如火山爆發似地嚴厲斥責他。

「你認為身為會計，只要用鉛筆寫上一些之後可以擦掉的數字，犯了錯，只要用橡皮擦擦掉，重新再寫一次就沒事了嗎？就是因為你有那樣的心態，所以才永遠無法避免簡單的錯誤啊！」我說。

可是很遺憾，不少人就是認為如果出了錯，只要用橡皮擦擦掉，重新再做一次就好了。

工作上，很多時候是用橡皮擦絕對擦不掉的。而且，只要心存著「再做一次就好」的僥倖想法，一定會小錯不斷，最後終於犯下無法挽回的大錯的危險性。

唯有不管任何時刻都思考著「再做一次」絕對沒有用，平日即牢記「有意注意」，貫徹不容許半點錯誤的完美主義，才能夠使工作進步，自己也能隨之成長。

任何成功始於細節

要把工作做到完美，其中有不可或缺的必要條件。

我了解到這個答案，是在剛開始研究開發先進陶瓷的時候。

混合先進陶瓷的粉粒時，我們需要使用名為旋轉台、材質是陶瓷器的器具。裡面有好幾顆球狀的石頭，只要轉動旋轉台，這些石頭就會跟著轉動，把原料的粉粒磨碎。

有一天，我看到一位前輩技術員一直坐在清洗場，花了好久的時間，使盡吃奶的力氣用棕刷清洗著旋轉台和裡面的石頭。他本來就是個沉默寡言、認真地把工作做好，毫不顯眼的人，所以那個時候也是獨自一人默默做著這基本單調的作業。

「快快洗完就好了！怎麼做事這麼不得要領！」

我心裡這樣嘀咕著。當我正要準備離開時，突然停下腳步。

仔細一瞧，原來前輩正在用刮刀把旋轉台裡的石頭刮乾淨。由於石頭有時會出現缺口，導致實驗用的粉粒會黏在凹陷的地方。前輩很小心地用刮刀把它刮下來，然後再用棕刷清洗乾淨。

不只如此，前輩還用掛在他腰際上的毛巾，把清洗過的石頭一個一個仔細擦拭。

看到此舉的瞬間，我的腦袋像是被重重揮了一拳般深受衝擊。

先進陶瓷的材質非常細緻，所以只要旋轉台裡殘留有原料在上面，就會成為「不純物」摻雜到正確的原料裡去。

於是，每天實驗結束後，一定要把使用過的器具用水清洗乾淨。當時的我以為這個洗淨作業是和研究開發沒有直接關係的小事，總是快手快腳地把它解決打發。

我終於知道因為自己的隨便敷衍，使得不純物摻雜進去，導致做不出預期的實驗結果。除了羞愧不已外，我也徹底地反省。

因為我察覺到前輩身上擁有的、正好是我欠缺的東西——做好一件工作不可或缺的必要條件，明擺在我眼前。

究竟是什麼條件呢？

工作上不可或缺的三要素

其一是「連細節都留心注意」。

即使是像水洗實驗用器具等簡單作業，不！正是因為它是簡單單純的作業，更須要小心仔細地完成。德國的格言說得好：「魔鬼總出現在細節裡」，工作的本質顯現在細節上。唯有對細節一絲不苟的態度，才能把工作做好。

其二是「重視經驗，甚於理論」。

閱讀無機化學的教科書時，上面總是寫著先進陶瓷是混合氧化鋁、氧化矽和氧化鐵等原料並塑型，然後再經高溫燒製完成。理論上確實如此，但實際上卻並非那麼簡單。如果沒有在現場弄髒自己的手，不斷嘗試錯誤，很多事是無法了解的。清洗旋轉台也是同樣的道理。唯有理論和經驗法則吻合時，才有可能成就卓越的技術開發。

其三是「不厭其煩持續基礎的作業」。

工作必須在每天不斷堅持中方有進步。只有每天持續清洗等基礎單調的工作，才能累積確實的技術和經驗。如果沒有「堅持繼續的力量」，不厭其煩進行如此基礎的努力，不可能做出精良的產品，完成自己和其他人的工作。

我想那時，一位前輩在默默無言中，以其身教讓我領悟了這種致力於工作時必須存在於根本的想法，也就是勞動的基本態度。

有所妥協，就無法令人驚艷

產品必須是「像全新紙鈔般的產品」——我經常如是想。

所謂「像全新紙鈔般的產品」是我自成一派的表現方式，用來比喻真正有價值的產品應該像全新紙鈔的觸感和質地一樣，不但外觀美麗、而且無懈可擊。

以前曾經有過這麼一段故事。

為了用先進陶瓷製作半導體構裝（保護電子機器裡使用的半導體晶片不受外部環境破壞，並且使其達成通電功能的容器），我們請一位技術員擔任領導人進行研究開發。

那次的研究開發，需要的是京瓷從來未曾經驗過的高度技術，所以是場嚴苛的挑戰。光是完成樣品，就花費了超乎想像的辛苦和時間。

到最後，研究開發部門的領導人終於拿著做好的樣品到我辦公室來，說：「總經理，我們費了一番功夫總算完成了。」

我拿在手上，端詳了好一會兒。不用他說，我心裡再清楚不過這是研究開發團隊煞費苦心完成的技術的精華、汗水的結晶。

但看了一眼，我就知道那並不是我自己希望達到的滿意作品。因為它看起來不知怎地就是「有點髒」。

陶瓷半導體構裝的製作方式，是在氮氣和氫氣的混合瓦斯中將先進陶瓷的原料燒製成形。如果上面沾有脂肪等成分，就算份量很少，燒製時也會碳化使得產品變得略帶灰色。這就是我感覺它「有點髒」的原因。

我說出了一句對負責開發的他幾近殘酷無情的話：

「性能好壞我們姑且不論，可你做出來的這個東西就是不行。顏色太暗了。」

領導人聽了之後臉色大變。他傾注全力費心完成的成品竟然不是從它的「性能」，而是從「外觀」上加以判斷，怪不得他會有如此反應。

於是他面有慍色，並出言反駁：

「總經理您也是位技術人員，所以請您以客觀的邏輯與以評價。顏色灰暗和產品的性能應該是無關的。」

「你做出來的東西或許的確滿足了性能面的要求，但是，這不該是最終完成的產品。」

我這樣說，然後把產品推還給他。

具備優越特性的東西，外觀上應該也要賞心悅目才是。

因為所謂外觀就是「顯現於最外表的內涵」。外觀上美麗的東西，其性能絕對也是非常優異的。

我繼續說：「陶瓷本來就應該是純白的。而且外觀上一定要非常漂亮，你甚至會不捨得摸它，像拿到新鈔時，怕摸了它會把它弄髒。如果外觀上如此美麗絕倫，性能也絕對會是最頂尖的。」

就因為這樣，我才會呼籲大家要「製作像全新紙鈔般的產品」。

我想要告訴大家的是：我們應該以做出完美無缺的東西為目標。因為它是如此地美麗、如此地完美，手不小心碰到就會玷汙它的精緻無瑕。

現在回想起來，「像全新紙鈔般」的形容詞，是我年幼時父母常使用的語彙。

當我們眼前擺著真正美麗絕倫的東西時，人都會遲疑該不該用手去觸摸，心生憧憬與敬畏之念，我的父母便是以「像全新紙鈔般」來形容，我想這也是我會脫口而出這種比喻法的原因吧！

我們必須不惜努力，一直到自己能夠確信「再也沒有比這更好的東西」完成為止——對於志在創造的人而言，這樣的「完美主義」是絕對不可或缺的。

你能預見完成的形式嗎？

當我們在工作中企圖完成某件事時，應該要常在心中描繪出最後理想

以做出完美無缺的東西為目標。因為它是如此地美麗、如此地完美，手不小心碰到就會玷汙它原本的精緻無瑕。

的模樣。

而且，實現理想的過程中，重要的是：「要徹底思考，直到看得到理想的模樣出現為止」。

這也是我在經歷過人生各種酸甜苦辣後體會到的事實。

這件事發生在第二電電（現在的ＫＤＤＩ）開始從事行動電話業務（au）的時候。

當我說出「今後將是行動電話的時代」時，週遭的人各個歪著脖子唱反調說那是不可能的。

但是，那時我清清楚楚地「看到了」未來。

行動電話，這個潛藏著無限可能性的產品，會以多麼快的速度、如何普及於社會？又會以大約多少的價格或大小尺寸在市場流通？這些想像在我開始事業前就已經清楚看到了。

因為我透過京瓷那時從事的半導體零件事業，獲得了有關於行動電話技術革新的進展及速度上，十分充足的資訊和知識。

當時，手機還是個背在肩膀上的龐然大物，還被稱為大哥大。不久後，構成這種「行動電話」的各種電子迴路縮進了小小的半導體中，行動電話迅速變小。觀察到此現象，我能夠精準預測出，行動電話的新產品將會有不可限量的發展潛力。

因此，那時我甚至能清楚預想到將來的價格設定，例如「消費者該付多少簽約金？」、「每個月的基本費用該是多少？」、「通話費應該是這個價錢。」等等。那時，有位幹部把我說的設定費用記錄在自己的記事本裡，當實際開始從事行動電話事業時，他又再次翻了記事本，沒想到上面的數字和那時實際的費用體系幾乎一模一樣。

這就是「看得到、預見」。

只要我們殫心竭慮，不斷重複模擬情境，便可清楚預見未來。

描繪了「我想要變成這樣」的夢想後，更重要的，還要把這種想法提高成為強烈的願望，夜以繼日苦心思慮，一直到清晰細膩地看得到成功的意象為止。只要能夠鉅細靡遺地完成心中明確的想像，定可馬到成功。

最初原本只不過是「想法」的東西漸漸地接近「現實」，不久夢想與現實之間的界線消失，好像夢想已經實現般地，我們能在自己的腦海中、或是眼前，清晰描繪出它達成時的狀態和完成的模樣。而且，看起來只有黑白影像是不夠的，一定要能夠看到更為鮮明的彩色畫面才行——只要我們用心思考，上述情況一定可以在現實中發生。

反過來說，如果沒有想看見最終完成形式的強烈想法，沒有用心思考，工作或人生的成功都是遙不可及的吧！

只要我們殫心竭慮，不斷重複模擬情境，便可清楚預見未來。

從日常中培養糾錯的警戒心

在製造現場，有時機器會發出異常的聲響。

這種時候，我常會責罵負責人：「你沒聽到機器在哭嗎？」機器出問題時通常都會反應在聲音上。昨天聲音還好好的，怎麼突然就發出怪聲呢？原因無他，都是機器出現了異常。

但因為機器外表上沒有任何改變，所以異常現象常因此被忽視。於是我正視到作業員在現場感受度低落的問題，嚴正提出呼籲，希望大家「琢磨提升感受度」。

可能是自己已經有了這種習慣，即使乘坐公司派車時，只要我聽到不同於平常的怪聲，我總是會對司機說：「你不覺得有點奇怪嗎？」可是，司機幾乎每次都回答：「我覺得和平常沒有兩樣。」一副何須大驚小怪的表情。

這便是「感受度」的差異。

因為「感受度」不同，所以一方說「沒有兩樣」，一方卻說「不一樣」。事實上，當車子送進維修廠檢查時，常會發現異常現象確實存在，例如軸承裡的滾珠少了一顆等。

如此纖細的「感受度」，正是工作上要貫徹完美主義時不可或缺的。一旦「感受度」遲鈍，就算產品大聲吶喊問題發生、或提供解決方法，你恐怕也會聽不見而錯失良機。

同樣的，我常常提醒員工們整理環境的問題。

這應該也可說是另一種「感受度」的問題吧！

可能因為我經常提醒，所以就算我來個突擊檢查，工廠內部大致上都維持得非常乾淨整潔。不過，有時候檢查台或辦公桌上的資料還是會七零八落、各自為政。由於桌子和紙張的形狀都是四方形，只要桌上的資料斜放或橫擺，我心裡總會覺得很彆扭。

「桌子是四方形的，所以東西如果沒有配合它來放置，便無法取得調和，心裡也會不舒服吧！擺放東西時，我們順著桌邊，規規矩矩地放好，讓方正的地方就是方方正正的吧！」

說著說著，只要看到資料或筆筒歪斜，我就會從角落開始一一重新擺過，讓它們和桌邊保持平行。

就算只是一個小東西的擺置方式，其中還是需要所謂「調和的感覺」。

工作上亦是如此。

看著四方形的桌上，四方形的文件各自朝向不同方向、擺放得亂七八糟，如果對此完全沒感覺到不妥，憑藉著這樣的「感受度」，遑論是完成「完美的工作」了，根本連「何謂完美的工作」都搞不清楚吧！

只要放在桌上的東西失去了平衡，就會覺得渾身不自在——擁有如此纖細的「感受度」，發生問題時才能立即察覺「有東西怪怪的」，然後採

不放過身邊的細節，從日常中磨練「感受力」，正是預防失誤的不二法門。

取因應對策，完成無懈可擊的工作。

因成功而滿足，就達不到完美

成立京瓷之後大概過了二十年左右，法國知名企業史蘭伯傑公司（註：Schlumberger Ltd. 成立於一九二七年，是當今石油服務業的龍頭）的李布總經理（Jean Riboud）前來日本。

史蘭伯傑公司探勘石油時，對於大概要挖掘多深才會碰到石油層的問題，是使用電波來進行地層的探測，在此領域中是具備高度技術的優良企業。李布總經理出身法國名門，和當時法國社會黨的政界菁英也有不錯的交情，所以一度也成為法國政府閣揆的候選人，是名號響噹噹的人物。

李布總經理來日期間，百忙中抽出空檔，特地專程到京都拜訪我。「專業領域完全不同的企業大老闆怎麼會來找我呢？」我覺得非常不可思議，一問之下，才知道他是想要和我討論經營哲學。

說實在的，當時的我根本不太了解史蘭伯傑這家公司，也不太清楚李布總經理這個人。可是與他親自見上一面後，發現他果真不愧是將其公司領導成世界屈指可數企業的大人物，他抱持的經營哲學令人折服。

我們雖然是第一次見面，但卻志氣相投。過了幾天，我接受他的邀約，有機會在美國與他碰面，並暢談到深夜。

那時李布總經理說：「史蘭伯傑公司是以盡力做到最好（best）為座

右銘」。

對於他的說法，我表示贊同，不過我還提出了以下的見解：

「所謂最好（best）這個字，是和其他東西比較，在那之中最好的意思，也就是相對的價值觀。因此，即使程度低的地方也有最好（best）存在。但是，我們京瓷的目標不是最好（best），而是完美（perfect）。完美和最好不同，它是絕對的。它不是和別人比較後的結果，本身具備的是完整的價值，所以不管其他東西怎樣，都不可能存在有超越完美的東西。」

這是我的主張。

那一夜，我和李布總經理針對「最好（best）vs. 完美（perfect）」激辯直到深夜。最後，李布總經理終於同意我的見解：「你說得對。今後我們公司也要以完美為我們的座右銘，不再以最好為滿足了！」

我所思考的「完美主義」不是指「更好」，而是在工作上要不斷以「完美、無人能出其右」為目標。

第六章

創新，源於完全熟悉的日常

當你把工作做透，創新自然發生

成功可以複製，成就則需親身去闖

「我下一件想做的事，是別人認為我們絕對做不到的事。」

這是榮獲記者最高榮譽、普立茲獎的美國知名記者霍伯斯坦（David Halberstam）在他的著作《新世紀的挑戰》（註：《The Next Century》黃志典譯，一九九二，長河出版社）中特別騰出一章，引用我對於京瓷和身為創業者的自己所敘述的一句話。

他說：京瓷創業以來，我就是以這樣的氣概不斷開發新產品，並且持續挑戰新事業。

的確，我自己在回顧這一路走來的人生時，也覺得自己從未走過大家都熟悉的「慣性道路」。

今天還是走和昨天一樣的路、或者走別人已經走過的路，這些都不合我的個性，我總是故意挑選沒有人走過的新道路，一直走到今天。

但是，這種道路是一般人不會走的，所以絕非坦途。

我把這種情況做了以下的比喻。

「這一生，我都走在大家根本不認為是路、像田埂小道般的泥濘。有時可能腳一滑便踩進了田裡，或是被突然出現在眼前的青蛙或蛇嚇到，但我還是一步一步向前走。當我不經意地往旁邊一瞧，發現竟有一條鋪設平整的好路，人車都從那裡經過。我知道如果走那條路，一定可以走得輕鬆許多。但是我卻憑藉著自己的意志，一路堅持走在大家都不願走的泥濘道路上。」

所謂「鋪設平整的好路」，指的是「每個人都想得到，通往現實的常識路徑」。可是我認為即使跟隨眾人的步伐，走在這樣鋪設好的道路上，也沒有任何意義。這樣只不過是望著先人的後塵，絕對不可能開創新局。

而且，就算你把和別人一樣的事情做得再怎麼好，也很難期待能夠出現多大的成果吧！與其走眾人都已走過、什麼都沒有留下的道路，倒不如走一條可以有新發現、能夠期待有豐碩成果的道路吧！即便此路如何步履維艱。一路走來我都是抱持著這樣的想法。

其實，這些一般人不願走的泥濘道路、也就是所謂人跡未至的道路，路途雖然辛苦，但才是能夠帶領我們通往自己從未料想到、璀璨未來的康莊大道。

「打掃」也會改變人生

我從成立京瓷開始到今天，將近半世紀的歷史中，首先嘗試製造的是活用先進陶瓷的各種產業用零件，接著是半導體用構裝等的各種電子零件，後來甚至從太陽能發電系統到影印機、行動電話等機器的生產開

人跡未至的道路，路途雖然辛苦，但往往正是能夠帶領我們通往自己從未料想到、璀璨未來的康莊大道。

發，我不斷將公司觸角伸向更廣泛的事業領域，主動挑戰。

而且，我還跨足完全不同領域的通訊事業和飯店業。

這並不是因為我具備如此廣泛的技術能力，卻只不過是半世紀來我不曾間斷地持續「從事創造性工作」的結果。

我心裡牢記著每一天都要「從事創造性工作」，即使創造性只有一點也好。

因為縱使那一天只有微乎其微的進步，過個十年，一定會產生天大的變化。

我最常拿來做為佐證的例子就是「打掃」。

幾乎所有人都不情不願、漠然以對的打掃，如果我們正視它，並且認真、用創造的方式來進行，情況會有什麼改變呢？

假設一直到昨天為止，你都是用掃帚把自己的職場從右掃到左。因為正視這個問題，於是今天你試著從四個角落往正中間掃去。

又或者，因為光是靠掃把掃不乾淨，所以你決定試著用拖把看看。如果你發現甚至連用拖把都達不到好效果時，你還會拜託上司買台吸塵器，雖然這要花點錢。買吸塵器一時之間是花費成本的，但以長遠的眼光來看，應該可以減少麻煩和時間的浪費吧！然後，你還會自己改良吸塵器，企圖更加提升效率和品質。

如同上面所述，即使只是一個小小的打掃，不同的處理態度，可能會產生各種更迅速、更清潔的創意打掃方式。

然後，每天累積這種創意構思，過了一年左右，你大概會搖身一變成為打掃的達人，得到職場同事豎起大拇指，稱讚自己的打掃技能吧！而且說不定整棟大樓的清掃工作從此都交給你負責。甚至到最後，你自立門戶，成立專門承包大樓清掃的公司，讓該公司業績蒸蒸日上也不是不可能的事。

相對的，認為「不過只是打掃」，不用心設想創意構思，成天虛應故事的人一定不會有任何進步，每天渾渾噩噩過日子，一年之後還是在原地打轉。

不光只有打掃是如此。

工作和人生也是別無二致。

不管任何小事都積極面對，帶著問題意識，企圖對現狀下功夫、改良的人，和完全沒有這種心情面對人生或工作的人，路遙知馬力，兩者會出現令人咋舌的差距。

或許這個差距，就來自於內心是否存在不滿足於現狀、即使只有一丁點的進步也希望自己每天都能向上提升，如此「想法意念」上的差距。

每天都追加一點創意和用心，讓每個今天都比昨天向前推進小小一步。這種企圖更上一層樓的「想法」，正是工作和人生中最為重要的態度，也是接近真正創造的祕訣。

不管任何小事都積極面對，和完全沒有這種想法的人，兩者會出現令人咋舌的差距，就在於「改變現狀的決心」。

每個人與生俱來的力量：自由與想像

從京瓷開始，任天堂、歐姆龍（OMRON）、村田製作所、羅姆（ROHM）等許多京都的優良企業，都是由原本對該領域一竅不通的「素人（外行人）」、或和「素人」沒有兩樣的人打造出來的。

本來我在大學的主修是有機化學。從事屬於無機化學的先進陶瓷的研究是在大學畢業前夕，所以我也絕非這領域的專家。

靠著電視遊樂器的成功而鴻圖大展的任天堂也一樣，原本是生產花札（註：畫有花的遊戲紙牌）和撲克牌的公司。即使是讓公司突飛猛進、快速成長的第三代總經理山內溥先生，過去也沒有製作過遊戲機硬體或軟體的經驗，在該領域說他是十足的「素人」亦不為過吧！

生產控制機器的大型廠商歐姆龍也是如此。故事的開端是戰後，創辦人立石一真先生在美國第一次看到了微動開關（Micro Switches），直覺告訴他「今後日本也需要控制系統的零件」。立石先生在那之前並沒有生產過弱電用的零件，所以也是以「素人」的身分開始這個事業。

即使是電子零件的大型廠商、村田製作所的創辦人村田昭先生，原本也是在京都的東山、人稱清水燒故鄉的地方工作的。戰爭期間，接受了軍方希望他能幫忙生產使用氧化鈦為材質的電容器的要求，有了挑戰新事物的機會，所以才有今天的成就。

羅姆也是家很有特色的電子零件廠商，但它的創辦人佐藤研一郎先生原本志在音樂，他會成立羅姆的契機是因為他在學生時代自己確立了高效率製造碳膜電阻器的技術，於是便以此為基礎開始他的事業。所以這樣看來，他也是個「素人」總經理。

上述例子並非偶然的巧合。

其中有「非是素人不可」的明確理由。

那就是——「能夠自由的聯想」。

「素人」不拘泥於既有的概念或習慣、慣例，永遠能夠發揮自由的想像。而這正是面對新事物挑戰時，最大的利器。

我是在成立京瓷後過了幾年才發覺這個道理的。

有一次，一家比京瓷起步早，而且企業規模大上好幾倍的日本知名陶瓷廠商委託我們生產某種產品。

當初，他們的說詞是：「因為歐美廠商來的先進陶瓷訂單增加，自己的生產線不足以支應，所以希望京瓷也能幫忙製造。」可是仔細一推敲，我發現對方的目的是想要藉由製造該產品，吸收京瓷有關先進陶瓷的獨門技術。

我斷然回絕了，不過至今我仍清楚記得，那時對方的總經理很老實地說了這段話：「本公司的研究所裡，有許多畢業於有名大學陶瓷工業科系的優秀研究員。我說這話可能有點失禮，聽說稻盛先生是畢業於地方大

不拘泥於既有的概念或習慣、慣例，永遠能夠發揮自由的想像。而這正是面對新事物挑戰時，最大的利器。

學，而且還是有機化學出身的。另外，你的公司裡好像幾乎沒有博士。為什麼你的公司辦到了，而我的公司卻做不到呢？」

當下，我領悟了。

所謂「創造」是「素人」幹的事，「專家」可做不來。

能夠做出新事物的，是不受任何框架束縛，冒險心強烈的「素人」，而非在該領域累積無數經驗，具備許多前例和常識的專家——我邊聽那總經理的話，一邊不由得想起我曾有過如此感想的種種景象。

我由衷希望各位讀者也能抱持著自由的發想和強烈的願望，勇於挑戰新事物。

想法意念的力量

我在一九八二年京瓷的經營方針發表會上，發表了以下的口號。

「實現新計劃的關鍵，只在於不屈不撓之一心。那麼就讓我們全心一意地思考！而且要志高意堅、心無旁騖！」

這是我借用倡導積極思考的哲學家中村天風（註：一八七六年七月三十日～一九六八年十二月一日。日本第一位瑜珈行者，創立天風會，致力推廣身心統一法）在著作裡寫的一段話。

這句話的意思是說，如果期望新計劃能夠實現，最重要的是，不管發生怎樣的狀況，都絕不可以放棄，只要全心一意不斷在內心強烈描繪願景。如果這麼做，再困難的目標一定都能達成。

透過這個經營口號我想要表達的，是人類的「想法意念」裡存在著成就事物的力量。特別是如果該「想法意念」是崇高、無瑕、純粹、且一心一意時，定能發揮出最大的力量，即使是眾人認為難以達成的計劃或目標，一定也能夠讓它實現。

可是一般說來，大家並沒有清楚理解人類的「想法意念」裡存在著如此美好的力量。所以，每每在訂立了新計劃之後，旋即開始無謂的擔心：「市場環境應該會有變化吧！」、「說不定會遭遇意想不到的障礙」或是「要是失敗了該怎麼辦才好？」

然而，光是杞人憂天或心裡帶著一抹不安、畏懼，就會大大削弱「想法意念」原本擁有的力量，使得計劃和目標無法順利達成。

揭櫫此口號的兩年後，我親自證明了人類這個純粹的「想法意念」能夠成就多麼偉大的功績。我希望自己的親身經驗能夠給更多的人帶來鼓舞，於是開始從事第二電電（現在的ＫＤＤＩ）的事業。

一九八四年（昭和五十九年）伴隨著通訊自由化，除了京瓷之外還有兩家公司上場叫陣，新電電（註：英文為NCC，New Common Carrier，一九八五年通訊事業民營化後，新加入的第一種電氣通信事業者的總稱）就在三家公司競爭下拉開了序幕。

人的想法意念裡存在著成就事物的力量。特別是如果該想法意念是崇高、無瑕、純粹、且一心一意時，定能發揮出最大的力量。

純粹的動機，指引你走向崇高的信念

當時大家心中已有定見，認為三家公司之中，以京瓷為主體的第二電電，比起另外兩家公司絕對是處於不利的處境。

他們認為的理由有很多：因為身為經營者的我，本身沒有從事電氣通信事業的經驗；京瓷沒有累積通訊技術；由於京瓷無法像其他兩家公司一樣，使用既存的鐵路或高速公路架設纜線工程，所以必須從零開始興建必要的基礎建設，例如獨自開拓通信網絡等；另外，經營上由於總公司的企業規模小，因此不容易獲得顧客的信賴。

但是，實際上開始營業後不久，處在「要什麼沒什麼，絕對劣勢」

的狀態下邁出步伐的第二電電，在新電電三家公司中竟然創下最佳的業績，一直居於領先地位。

那是因為雖然第二電電是「素人」起家，但我們寄予這個事業的「想法意念」比任何通信公司都要來得強烈和純粹。只要有如此強烈且美麗的願景，之後一定可以源源不絕地導入需要的訣竅與技術。

我高舉著「藉由調降通訊費用，在資訊化社會為人民盡一分心力」這種純粹且具有凜然大義的目標，決定開創第二電電。而且，這份「想法意念」是否真的崇高純粹，我反覆再三地嚴厲自問「動機善乎？余無私心耶？」

「想要從事第二電電」的起心動念，是因為私利私欲的「想要更有錢」或是「想要更出名」？還是發自於毫無私心的善念，「為了世界、為了眾人」？我把這些問題都放進「動機善乎？余無私心耶？」的文字中，反躬自省地問了自己好幾個月。

然後，在我確認「自己毫無任何私心」後，我才放心踏入第二電電的創業之路。

當時，京瓷在中央的知名度很低，總營業額也只有二千五百億日幣左右。世人都揶揄，這等的地方中堅企業想要和總營業額數兆日幣的國營公司正面交火，實在是魯莽無謀，簡直就像拿著一支槍和風車對抗的唐吉軻德一樣。

但是，我對自己終將成功深信不疑，絲毫未受動搖。因為我相信人類的「想法意念」擁有神奇的力量。

二十世紀初葉，活躍於英國的啟蒙思想家詹姆士‧艾倫（註：James

Allen，一八六四～一九一二，英格蘭著名作家，被譽為人生哲學之父）在其著作《我的人生思考》（註：《*As A Man Thinketh*》，中譯本共五冊，由小知堂出版）中，以下面這段話表現出了這個概念。

「不少時候，內心醜陋的人因為害怕失敗而不敢踏進的地方，內心純潔的人可以坦然自在地進入，而且輕而易舉獲得勝利。原因在於，內心純潔的人永遠是以更沉穩的心和更明確、更強而有力的目標意識，導引著自己的能源。」

如果內心能夠懷抱著純粹且美麗的想法意念，付出不輸給任何人的努力，再怎麼困難艱辛的目標終將能夠實現——我認為這大概就是京瓷和第二電電的成長歷史所證明的「真理」吧！

「只要有純粹且強烈的想法意念，必將成功。」——我們只要相信這件事，然後抱持著美麗高潔的心，全神貫注持續付出不輸給任何人的努力，一定能夠成就新局。

樂觀地構想、悲觀地計劃、樂觀地執行

許多開始新事物，並讓它圓滿成功的人，都是光明地描繪自己的未來，充滿樂天的個性。

「我突然靈機一動想到這個點子，雖然以現在的情況要讓它付諸實現的可能性很低，可是只要拚命努力，應該一定可以成功的。好吧！我來

試試看！」——這種樂天派往往才是接近成功的。

因此，當我要推展一個困難已在預期之中的新事業時，我常故意起用「毛躁冒失的人」。

雖然他們頭腦有點簡單，而且沉不住氣、有欠穩重，但他們會坦率表達贊同之意：「這很有趣，我們一起試試看啊！」並且馬上當場捲起袖子來躍躍欲試，因此我常把新工作的領導人角色交付給這樣的人。

這是因為頭腦好的人多半是悲觀論者。因為他們腦筋聰穎，所以能夠清楚地看到未來，在行動前大致便可判斷事情的可行性。因此，對於一些新點子，他們常下負面消極的判斷，認為「這樣不行」或「實現的可能性很低」。換言之，悲觀論者雖然能夠看到未來，但這卻往往容易遏止行動力和推進力。

相對地，樂觀論者正好相反，雖然他對未來的預測是沒有把握的，可是他卻有向前挺進的馬力。因此，在計劃的構想階段或起步的時期，我會借助樂觀論者讓事情順利往前推進的力量，要他肩負起領頭羊的角色。

但是，當構想具體地付諸於計劃時，還把責任交付在他們身上是危險的。因為由於樂觀論者的馬力強大，往往動輒魯莽或走錯路。

所以我會派穩重、深思熟慮、又能洞悉事物的人在他身邊從旁輔佐，以便想像出所有危機，謹慎細心地留意每個細節，然後再制定出實際的行動計劃。

但是，這樣還不足以成事。

因為如此一來，當有預期的困難和障礙出現在眼前時，就不會產生企圖付諸實行的勇氣。所以計劃一旦進入付諸實行的階段，就必須再次回到樂觀主義，摒棄一切雜念、積極行動。

「樂觀地構想、悲觀地計劃、樂觀地執行」——我認為這才是挑戰新課題的最好方法。

「樂觀地構想、悲觀地計劃、樂觀地執行」這才是挑戰新課題的最好方法。

成就技術革新的「明確地圖」

你是先進陶瓷在技術革新（innovation）上的先驅者——。

我很榮幸偶會得到別人的讚美之詞，實在愧不敢當。我認為如果我能夠得到如此高的評價，應該是因為我投注在先進陶瓷的想法意念格外強烈之故。

在技術開發的領域，若要遂行革新的發展，光靠專業知識和累積下來的技術並不足夠，一定還需要對工作的強烈想法意念。特別是開拓未知的領域時，「無論如何，我都想做出這樣的東西！」強烈的想法意念絕對不可或缺。

正是因為有如此強烈的想法意念，所以不管面對在未知的領域中遭遇到的多大困難，都能一一克服，讓工作順利進行。而最後終能完成超越常識、劃時代的技術革新。

所謂技術革新，打個比方，就好像是一艘沒有羅盤的小船駛出港灣，航行在漆黑一片的汪洋大海中。

即使身陷在看不清前方的狀況下，能夠幫助我們不迷失方向，最終抵達目的地的，就是對工作的強烈「想法意念」。

在沒有燈塔的燈光指引，連一顆星星都看不到，完全無法確認航行方向的無垠漆黑中，該往那個方向去，內心一定滿是困惑。我們往往害怕得連一步都跨不出去。

但是，永遠猶豫或不著手，是不會有進步的。開拓尚未有人跡前往的荒野之境時，我們絕對必備的是自己心中的羅盤，然後憑藉它向前挺進。相當於我們心中羅盤的，就是類似於信念的強烈想法意念。

帶領京瓷從地方走向到國際的力量

京瓷在製造先進陶瓷的業界屬於最後起步的，我們當時技術、設備和人才都不完備，只憑著「想法意念」開始奮鬥的歷程。但是，京瓷的發展卻告訴世人：只要有想法意念，而且只要它夠強烈，不管加諸在身上的是多麼不利的條件，最後一定能夠抵達目的地。

當然，劃時代的技術革新並非短短的一、二年就可以輕鬆達成。相反地，有時甚至花上十年或二十年也無法達到預期的目標。但是，如果就此放棄投降，沒有一件新事物能夠在你身上實現。

這份強烈的想法意念，必須能夠支持你致力於基礎紮實的工作，每天不斷累積各種創意巧思，無論發生任何情況都不放棄，一步一步地向前進直到成功為止。

以先進陶瓷技術為基礎而進行開發的太陽能電池事業，就是一個好例子。雖然我們花了將近三十年才獲得成功，但它現在已經成為京瓷的主力事業。

也就是說，「無論如何我都想這麼做！」如此強烈的想法意念是做事的起點；「我想要一直維持這樣！」不厭倦、不懈怠地持續努力和發揮創意巧思的態度，是讓事情得以實現的推進力。

或許有人會說，一步一腳印紮紮實實地做好自己的工作，三五年、甚或是十年，一層一層累積工作績效，這種簡直像龜速一樣緩慢的步伐是「拖泥帶水」或「沒有效率」，而退避三舍吧！

而且，說不定連如此賣力拚命，不斷累積勤懇努力和用心的人自己，有時也會感到不安：「究竟我做了這些，能夠得到什麼呢？」

但是，對於這些人，我才更想要說：每天勤奮不怠的努力和創意用心，正是通往技術革新的「明確地圖」、邁向成功的「正確道路」。

事實上，我本身就是如此。

我並沒有特別高的學歷，也不是生來就具備傑出的能力。我只是盡力讓自己喜歡上工作，強迫自己全心投入先進陶瓷的研究，而在過程中我竟真的就喜歡上了先進陶瓷，曾幾何時我甚至深深為它著迷。

然後，為了滿足客戶的要求，我們不斷努力並且累積創意用心，使得我們公司不但成長為先進陶瓷領域中的翹楚，我自己本身也成為該領域的先驅者，獲得產官學各領域的高度評價。

我當初萬萬沒有想到，自己能夠獲得先進陶瓷領域的技術革新者的頭銜。當我回顧自己的人生，浮現在腦海裡的是平凡至極的教訓：「每天的

每天勤奮不怠的努力和創意用心，
正是通往技術革新的「明確地圖」、
邁向成功的「正確道路」。

創意用心，才能孕育真正的創造和成功。」

縱使每一天只有微乎其微的努力和創意用心，只要持續累積個一年、五年、乃至於十年，其進步絕對是無可限量的，而最後一定能夠獲得讓人欽佩，充滿創造性又豐碩的成果。

終章

最棒的工作

想法×熱情×能力
成就最棒的自己

持續創利的成長方程式

我的工作觀以及人生觀可以用一個「方程式」來表示。

那就是：

人生・工作的結果＝想法×熱情×能力

為什麼我會歸納成這樣的方程式呢？

因為我從考國中到考大學，乃至於出社會的求職考試，沒有一個如願，於是從我開始工作以來，始終思考著：「像自己這樣平凡的人，如果想要過精彩美麗的人生，到底需要些什麼呢？」

另外，環顧四周，我發現有人在事業和人生上不斷累積成功經驗，有人則屢屢失敗。每當看著這樣的人，我也會心想：「為什麼世界上有人生、事業一帆風順的人，也有處處碰壁的人呢？其中是不是也有類似法則的東西可以依循？」

從這些思考為出發點，在我成立京瓷後沒有多久，便想到了這個方程式。之後就奉行為圭臬，以此為基準認真工作，經營自己的人生。另外，光是自己努力實踐還不夠，每當有機會到來，我都會苦口婆心對員工們闡述它的重要。

這個方程式是由「能力」、「熱情」和「想法」三個要素構成的。

所謂「能力」指的是智能、運動神經或健康等，父母或上天賜予的部份。帶著優異的資質出生到這個世界，對於走在人生漫漫長路的人們來說，就好像是一開始便獲得了極大的資產。

不過，由於這些東西屬於先天命定，因此非個人意志或責任能夠左右。如果要用分數表示這種天賦的「能力」，因為其中有個人差異，所以分數範圍是從「零分」到「一百分」。

這個「能力」要乘上另一個要素「熱情」。

所謂的「熱情」，可以換說成「努力」。下從毫無幹勁、全身無力、自甘墮落的人，上至對人生和工作充滿著火燄般燃燒的熱情，拚命不斷努力的人，這其中也有明顯的個人差異，所以分數範圍也是從「零分」到「一百分」。

只不過，這個「熱情」是可以用自己的意志決定的。

長久以來，我都企圖將此「熱情」發揮到最大極限，持續付出不輸給任何人、無止盡的努力。

從成立京瓷一直到今天，我無時無刻不抱持著「付出比別人更多倍的努力，終於能夠與人並駕齊驅」的想法，奉獻出自己的體力和精神，不分晝夜、專心投入工作。

現在，我試著用分數來說明「能力」和「熱情」。

將此「熱情」發揮到最大極限，持續付出不輸給任何人、無止盡的努力，最後必能獲得豐碩的成果。

例如，有個人身體健康、頭腦聰穎，「能力」上是「九十分」。但是如果這個非常有能力的人過分相信自己的才能，而心生懈怠、不認真努力，那麼他的「熱情」只有「三十分」左右。也就是說，這個人是「九十分的能力」乘上「三十的熱情」，所以得到的結果是「二千七百分」。

相對的，假設有個人心想「因為自己的程度頂多比起平均值稍微高一些，所以能力大概是六十分左右吧！但是，正是因為我沒有出類拔萃的才能，才要拚命努力啊！」於是不斷燃燒熱情，一心一意持續付出努力。

如果我們把他的「熱情」定為「九十分」，「六十分的能力」乘上「九十分的熱情」就是「五千四百分」。換言之，比起前一個非常有能力的人換算出的結果，這種人能夠留下加倍的結果。因此，就算我們只具備平凡的能力，只要我們持續不斷地用心努力，彌補天生能力的不足，最後獲得豐碩的成果，也絕非不可能。

想法最重要

再者，這個方程式最後還要再乘上「想法」。

而且我認為這個「想法」是最重要的。

有別於「能力」和「熱情」，我認為這個「想法」裡有從「負一百分」到「正一百分」的極大振幅。

舉例來說，我對自己的辛苦甘之如飴，希望「兼善他人」，並且拚命努力地活著，這就是正面的「想法」；相反地，對世界冷眼旁觀，忌妒他人，否定認真生活的「想法」則是負面的「思考方式」。

那麼，因為這方程式是乘法，如果有正面的「想法」，人生、工作的結果就會變成更高的正值；相反的，要是有一點負面的想法，不但數字一口氣逆轉成負值，而且愈有「能力」、或是「熱情」愈強烈的人，愈會在人生和工作上造成龐大負值，徒留無限遺憾的結果。

以剛才的例子來說，如果擁有「六十分的能力」和「九十分的熱情」的人是個為人正派善良、有「九十分思考方式」的人，那麼六十乘以九十再乘以九十，四十八萬六千分的方程式總分是很高很漂亮的。

相對的，即使「能力」和「熱情」的分數相同，只要那個人心裡存有一絲否定性的思考方式，假設是負一分好了，整個分數就會翻轉成負的五千四百分；要是情況更糟，他是個有極度反社會性格的人，「想法」的分數是負九十分，那麼最後得到的分數就是負四十八萬六千分，並且為他自己的人生招致極為悲慘的下場。

事實上，最近從事風險企業的經營者中，有些人雖然具備超乎常人的「能力」和滿滿的「熱情」，使得剛成立不久的公司一躍登上股票交易市場，並且獲得巨額的財富，然而之後卻受到社會的連番指摘，終於黯然地從光鮮亮麗的舞台上消失身影。這正是因為他們大言不慚：「這世上沒有用錢買不到的東西。」採取我行我素、旁若無人的行動，「想法」上偏離做人的正道所致。

我認為只要不改變這種負面的「想法」，即便擁有萬貫家財，也無法過真正幸福的人生。

如果我們想創造人生或是工作的最大成果，擁有正確的「想法」是絕對不可或缺的。

現在，我回顧自己七十有餘的人生歲月，我敢向各位斷言，這個「人生的方程式」充分地顯現了工作和人生的真實，是我們邁向更美好人生的重要指引。

我希望各位一定也要抱持正面且正確的「想法」，憑藉強烈的「熱情」付出不輸給任何人的努力，將自己擁有的「能力」發揮到極致，正面迎接工作上的一切挑戰。

只要各位這麼做，我相信上天定會許給你一個結果纍纍的美麗人生。

本書結束之前，我想介紹正確的「想法」，來做為結尾，希望能夠讓各位的工作和人生都豐碩收割。

要永遠積極向前、做有建設性的思考。
要保持願意和大家一起工作的協調性。
要抱持樂觀開朗的想法。
要正面肯定。
要充滿善意。

正確的想法帶來正確的行動，以及
結實累累的美好成果。

要善體人意、與人為善。
要認真、老實、謙虛、並努力。
不求利己、不貪婪奢求。
要懷抱「知足」之心。
最後，要常懷感謝心。

我由衷希望肩負未來重任的各位，透過抱持著這樣的「想法」，全力以赴拚命工作，必定能夠譜出美麗精采的人生樂章。

作者介紹

到京都看稻盛和夫先生

莊素玉

三月下旬的京都，時雨、時晴、時冷，還看不到整片的櫻花林。偶爾在京都的主要河流，靠近四條通的鴨川邊，瞧見一、兩棵櫻花樹有早開的櫻花探頭。

在最熱鬧的四條通與烏丸通交叉口的稻盛基金會大樓裡，有日本「經營之聖」之稱的稻盛首次接受來自台灣媒體的獨家專訪。

走出電梯，和稻盛一樣的謙虛、樸實，以白色為基調的大樓牆上，最醒目的是毛筆字寫的「敬天愛人」，是稻盛創辦的京都陶瓷的社訓。

從一九五九年四月一日創設至今，京都陶瓷一直是高收益、高度保有盈餘在企業內部的高資金力企業。二〇〇八年三月（日本會計年度是每年四月一日到三月三十一日）為止，京瓷營收已經破一兆一千兩百億日圓。（二〇二一年三月三十一日官方公佈之營收為一兆八千三百八十九億日圓）

一九八四年，稻盛利用不景氣時，所研發創設的第二大企業是KDDI（日本綜合通信公司，旗下au手機通路連鎖店，市佔率居日本第二），二〇〇八年三月營收達三兆五千九百六十二億多日圓，稅前利益達兩千一百七十七億多日圓。

繼松下幸之助被譽為日本「經營之神」，稻盛和夫被譽為日本「經營之聖」，最主要的原因不是他曾創出京瓷和KDDI兩家名列世界五百強的大企業，而是他是日本企業家中，最能展現大愛思想的企業哲學家。

京都賞——第二個諾貝爾獎

回饋社會要趁年輕。一九八四年，稻盛五十二歲時，也就是成立京瓷的第二十五年，他捐出個人財富六百多億日圓，成立稻盛財團（即基金會），設置了京都獎。

稻盛和夫一直以「為了人類，為了世界，做出身為一個人所能做出的最高的行為」自許，因此他捐設「京都賞」頒獎給對人類科學發展、文明發展、精神深化、提高有顯著貢獻的人。受獎的人必須是謙虛、比人付出一倍以上的努力、努力鑽研。

稻盛相信人類的科學發展與精神深化必須平衡發展。他希望京都大賞對這兩方面都有卓越貢獻。

京都獎可以說是第二個諾貝爾獎，每年分三個領域——尖端技術、基礎科學、思想和藝術，對世界有傑出貢獻者各選出一位獲獎，獎金五千萬日圓。

歷年來的獲獎者包括蝴蝶效應的發現者——美國麻省理工學院學者愛德華洛倫茲、環境保育人士珍古德、哈伯馬斯（Habermas）、社會學大師杭士基（Chomsky），導演黑澤明、建築師安藤忠雄、液晶顯示器發明人喬治海爾邁耶等。

稻盛也提供獎學金給中國大西部的貧困學生，條件是貧困、在西部上學、日後留在西部工作。

回饋社會的心，也起因自稻盛年輕時曾獲得日本一所大學教授所捐助的發明獎學金，讓他很受激勵與鼓舞。五十二歲那一年，他有能力時，他就去做了。

在設立京都獎的前一年——一九八三年，稻盛和夫設立了盛和塾，總共有五千多名以日本為主的企業家學員成為盛和塾的會員。參加的學員來自各行各業，會員每年固定繳交六萬到十二萬日圓年費，可以定期收到盛和塾的刊物及參加研討講課。每年七 八月，定期參加盛和塾大會，親自跟稻盛當面請教經營的難題。

稻盛認為，現在要獨力存活於這個社會是非常辛苦的，即便是中小零售業的經營者，由於他們所努力維繫的是全體公司員工及其家屬的生活，稻盛認為這非常了不起。他讓盛和塾做為這些身負重責大任的經營者能夠彼此推心置腹互吐煩惱，相互勉勵，進而鑽研精進之道的場所，也不斷地拓展活動範圍。

盛和塾創立二十多年來，在全日本共有五十三個據點，甚至還擴展到美國、巴西和中國等海外國家。

稻盛在盛和塾中，除了講授基本的經營哲學外，同時進行名為「經營問答」的經營指導。所謂的「經營問答」是在課堂上請學員毫不隱晦，赤裸裸地把他們在經營上直接面對的問題發表出來，然後針對這些問題，他會認真思考，並傾注全力提供建議。

要把人生的原石磨成人格者

雖然稻盛和夫當今有這麼順遂的創業成果，但他曾經有過很困苦的青少歲月。然而也正因為他曾用正面思考的方式與行動，克服在年少時就嘗過挫折的苦，使他深深相信「人一生下來時，就如同一塊原石，一定要經過後天的磨練，才能散發出如同寶石般的光輝，成為一個了不起的人格者」。

而能否終其一生不斷試煉、磨練自己成為人格者，就是人會成功或失敗的分歧點。

他相信，能將試煉視為絕好成長機會，一個人如果能夠在他有限的生命旅途期間，不斷地磨練靈魂、不斷地修養自己，必然能夠享受豐實、無限美麗的幸福。

稻盛最佩服跟他一樣是九州鹿兒島同鄉的西鄉隆盛。小時候的西鄉隆盛並不起眼，人生也經歷過跟著親友多重的試煉，譬如他小時候曾跟著親友投入鹿兒島的錦江灣、卻又自行甦醒的經驗；之後，還曾有被放逐到外島的經驗、住在滲水、滲風的小島牢獄之中。

在悲慘的逆境當中，西鄉隆盛仍然精讀東洋古典群籍，對於不斷提升自己的事並不曾懈怠過。西鄉熬得過苦難、把苦勞當糧食、努力地磨練人格、也獲得眾望，終於成為明治維新的功臣之一。

稻盛青少歲月也承受了許多挫折的試煉：包括戰爭、疾病（十三歲時感染結核病）、親人死亡、無法考上九州鹿兒島第一志願的高中（兩次考鹿兒島一中，沒考上）與第一志願的大學（大阪大學）。在二次世界大戰期間，家中窮到要稻盛放學後騎腳踏車去推銷紙袋，幫助父母做紙袋生意謀生。

因小時候家中十分貧窮，沒有一本書。一次去同學家裡玩，看到同學家書架上擺滿了文學全集，十分羨慕。回家問父親：「為什麼我們家沒有書？」父親說：「書能當飯吃嗎？」當時的稻盛還沒辦法體會父親話中的心酸。

試煉往往帶來轉機。十三歲得肺結核臥病在床時，鄰居送他一本有關心態的書，對他的人生觀起了關鍵的打樁。書中的一段話是：「我們的心是一種磁石，如果負面思考，它會將我們周圍的刀槍、病魔、失業，以及各種災難吸引過來。也就是心病，才會生病。」

一九五五年，稻盛和夫自鹿兒島大學應用化學系畢業，那一年日本經濟正處於人浮於世、經濟嚴重不景氣。

他花了很多時間才到京都老企業松風工業上班。發現那是家資不抵債、處於銀行托管的公司，員工宿舍更是破舊不堪，似乎隨時會倒塌。包括他在內、被錄取的五名大學生，後來只有他一個人留在松風工業。

年輕的稻盛鎮日以實驗室為家，一邊做陶瓷絕緣零件的研究，一邊在實驗室自己起火爐煮三餐。買些蔥、天婦羅渣之類，做出可口的醬湯，一個人吃得津津有味。

遇到挫折，下決心轉變心念

從十三歲起的生病到二十三歲初入職場的嚴重挫折，稻盛和夫下決心轉變心態，全心投入工作，用正面的態度與困難的環境正面對決，讓自己的心成為能夠吸收正面能量的磁場。

結果真的出現轉機。

一九五九年四月一日，由於他所研發的工業用陶瓷不受空降長官的認可，二十七歲時，以募來的三百萬資金，稻盛帶著來自松風工業的七名夥伴，加上新招入的二十名社員，總共二十八個人，創設了京瓷。

人心要以大義來溝通

創業初期，稻盛連續好幾個晚上睡不好，終於想通「人心」是最重要的。要結合人心，必須把公司的經營哲學、做人的哲學、做事的道理，都一一釐清。

他體會到：「創設企業，不只是為了實現自己的夢想，也包括不止現在以及將來，都要守護著員工及他們家人的生活。」

京瓷成立至今已經五十年，稻盛一直信守承諾。京瓷現任員工指出，京瓷每個人都是正式職員且沒有約聘人員，即是歷經去年全球金融風暴，京瓷也沒有裁員過。每一個京瓷人都可以在京瓷工作到六十歲退休。「每個社員都是公司的寶，都是公司的財產，」他記得稻盛曾這麼說。

稻盛以「追求全體員工物質與心理兩方面幸福的同時，也對人類、社會的進步發展有貢獻」，等利他的大義，來做為京瓷的哲學。

這些經營哲學，主要是取自稻盛很佩服的鹿兒島英雄西鄉隆盛的人生哲學——敬天愛人。

天指的是道理，守住道理就是敬天——譬如要光明正大、公正、公平、正義、努力、勇氣、博愛、謙虛、誠實等。愛人，指的是所有的人都是同胞，要以仁心愛人。

做任何新事業，稻盛一定要先自問有沒有敬天愛人？譬如一九八四年他要跨足通信事業新領域時，他一直問自己是否為私利？還是要提供顧客更便宜的通訊費？

稻盛認為，京瓷雖以高成長、高收益體質、高技術開發力為外人所稱道，但是他認為京瓷最強的是京瓷創立期開始的價值觀共識，員工的心緊緊相連、相通。社員都變成公司的伙伴，以此做為企業經營的基盤，每一個個人都能發揮他潛力以上的成果，發揮集團的效果。

稻盛認為經營企業一定要根據一定的原理原則，建立有效果的組織與經營系統。

徹底的顧客導向

無論研究、製造、販賣等方面，京瓷徹底做到顧客導向。很高興、很喜悅地接受顧客的要求。

展開新事業要果敢挑戰

京瓷也很喜歡展開新事業，目前總共有一百八十九家子公司。稻盛指出，挑戰新事業的姿勢要先鞏固好。譬如要優先考量的資金力、行銷力、技術力，是必要條件，但不是充分條件。充分的條件必須是果敢挑戰的姿勢。

熱情、正面想法比能力還重要

稻盛一直信奉的成功方程式是：人生・工作的結果＝想法×熱情×能力。

他認為要實現夢想，一定要讓你的夢想、強烈的意志、熱情深入你的潛意識。

但是稻盛強調熱情要往正確的方向走。熱情的方向歪了，雖然一時成功，卻也常是往後失敗的陷阱。

稻盛和夫說人生避不開逆境，有逆境才有順境，才有幸運，而且只有在逆境中抓住機會，才會出現順境，不幸才能轉變為幸運。

稻盛說他人生的每一次挫折，都是上蒼對他的考驗。他一向相信「現場有神靈」、「答案永遠在現場」。

但稻盛和夫強調大義，遠勝於志向。志向指的是個人目標，大義則指的是，共生的事物。企業家把企業做大之後，如果延續以前的小志向，就很難把公司帶進大格局，如果用大義來鼓舞自己和激勵員工，就可以激發出真正的勇氣。

成功之後，對一個人又是另外一種試煉。稻盛和夫也說，一個人成功之後，開始為他的地位驕傲、名聲陶醉、財產沉溺、怠惰努力？還是以成功為糧食，追求讓自己更氣宇軒昂的目標、更加謙虛地努力？兩種態度與行為的結果，會使得他日後的人生有天與地的差別。

也正因為一直強調、不斷提升自己心理境界，稻盛和夫氣質看來十分潔淨、高雅。

無論是在京都鬧區的基金會，或郊區的總部大樓，京都大學裡所捐助的教研大樓，也都展現一致的素樸、典雅而大方開朗的品味。

心量多大，人生境界就有多高

走出京都大學稻盛所捐建的大樓一角——京都賞圖書館，眼前清淨的藍天，似乎述說著那個從九州鹿兒島、一個人來到京都，面對著困境重重的周遭，逆轉思考，奮力向前，志願有多大、品格有多高、愛心有多大，他的空間就有多大了。

稻盛和夫做到了，以半個世紀之長，憑的就是看不見、摸不到的哲學與價值觀，這條路耐人追尋。

（本文作者為前《天下》雜誌出版二部總編輯）

作者專訪

京都陶瓷創辦人、榮譽會長稻盛和夫：光明正大最重要

採訪／狄英、莊素玉

問：現在很多年輕人，總認為前途不明，看不到未來。你認為呢？

答：經營者實在沒有必要對於未來感到悲觀。首先，當有壞的時候，必然會有往上走的時候。

我二十七歲時創辦京瓷，經過了五十年，期間發生了許多事，所以大

家也沒有必要悲觀。絕對不可以慌張，在不景氣時，最重要的大事是要對未來做好準備。一定要有遠見，看到未來。

不景氣也好、人生也好、企業金融也好，有好時機、也有壞時機，這就是循環，這也是人生。

不好的時候，要忍耐、要忍耐，雖然很苦，但是不要恐慌、也不要任性。忍耐是絕對必要的。

問：什麼樣的事情要非準備不可？

答：就是針對自己所做的產品、所做的事業，因為現在不景氣，有閒暇時間，可以好好針對新產品的開發、新的研究、新的領域等，所有的事來好好思考。

我曾走過好幾次的不景氣。在不景氣的時機，我花了好多時間、注入很大心力研發新產品。

我是從研究開發技術出身，一有空，就會想下一步要做什麼新產品。譬如說，三十年前石油危機發生時，那時，有所謂太陽能發電，雖然研究要花很長的時間，但我想需要太陽能發電的時代，必然來臨。

從現在來看，太陽能的發展非常重要。這個太陽能產業，一年約有一千億元的營業額，也沒有受到目前不景氣的影響，然而這是我在三十年前就開始研究開發的新產品。

當然，不只於此。二十五年前，我開發第二電電新事業。也就是目前所謂的KDDI，這家公司比京瓷還要大。第二電電，也是我在不景氣時，所研究開發出的新事業。

過去不景氣發生時，我一定會做研究開發，開發新產品。所以，這次發生不景氣，我也一定會說要開發新事業。

問：所以說，現在最重要的是利益要最大，成本要最低，這是非常重要的？

答：如果一直在做低收益、利益率低的企業，須要很辛苦、很努力地做。如果你做的是這種行業，一旦吹起不景氣之風，只要風一吹起，低收益企業就倒了。

所以要做事業，必須將營收最大化，經費最小化。

在每天的企業經營時，緊緊抱著這種意識。努力地將營收做高，努力地將經費減少。很努力地下功夫，全心全力地努力思考，非努力想辦法降低經費不可。沒有這種努力的企業，企業的利益率是不會高的。

我認為不管是什麼企業，只要全心全力，集中下功夫，自然就會有高收益。我是這麼想的。

為什麼一定要成為高收益企業？因為不管怎麼樣，每隔幾年，一定會碰到不景氣的來臨。不景氣不只來一次，一定是一次、兩次、三次，接二連三地來。

企業家要有自己的經營哲學

問：稻盛先生的經營哲學論是很有名的。在這樣混亂的時代，企業家必須持有什麼樣的哲學？

答：特別是在世界普遍混亂的時代，最重要的是身為一個領袖，心要如何安住？也就是我所說的哲學。

為什麼呢？我們人類要有什麼樣的想法、心要想什麼，會成就現在人類的文明社會。譬如說，為了便利快速飛越天空，人類發明了飛機。想要跟遠方的人說話，發明了無線電話。

這些發明都是源自人類最初的想法。

在不景氣當中，最重要的是，你持有什麼樣的想法，什麼樣的思潮，將會決定人類將來的走向。

在任何時代，特別是一個領袖，應該持有哲學。但經濟領域、政治領域的領導人，常常會忘記所謂的哲學。也就是說只有非常貧乏的心、非常卑微的心。只是想多少要賺一點錢，只為自己賺錢。尤其是美國的金融機構，為自己牟取巨額的利益。結果是到今日，許多人內心還是非常貧乏。

問：如何讓自己的能力不斷地提高？

答：技術的能力、管理的能力，不管朝什麼樣的方向都要不斷地伸展。會不會伸展？朝那個方向伸展？這時候就要看自己心中怎麼說，心底怎麼想，來決定。

也就是說，自己想要更賺錢？想要更快樂賺錢而來開發技術？想要用惡劣手段來賺錢？

你會選擇那個動機，會由你的心怎麼想、怎麼說來定調。

我的建議是應該朝美麗、清純、明亮的方向來自我提升。

在心中，有個空間置放著堅強、美麗、清朗。唯有持有這種心態，才能將技術開發、經營管理不斷伸展出去。

為了要擁有堅強、美麗、清朗的心，必須每天每天不斷地琢磨你自己的心。必須努力地將自己污穢的心壓抑住，不斷地每天反省自己，多磨磨自己的心。

經營真正本意，只要擁有這種美麗的心，就可以做得很好。

如何選擇繼承人

問：在選擇繼承者時，你是如何選的？如果繼承者繼承之後，做不出好成績，怎麼辦？

答：就像你說的，選擇後繼者確實要看他有何實績可言。這個人到現在做了些什麼事？有何實績？有何功績？到現在做了些什麼工作？

這雖是在選擇重要的企業繼承者時一件非常重要的要素。但對我而言，最重要的大事是，這個人現在是處於什麼樣的心態。

總而言之，就是所謂的非常強、非常美、非常清朗的心為經營基底的同時，譬如說，不是為了自己，而是為了大家，為了周圍人的幸福。如果不是這種抱著美麗之心的人，我是不會選擇他做我的接班人。

在展開新企業時，我會選擇這樣的人。

如果沒有這種高風亮節，只看他過往的績效為依據，來遴選後繼者，是很一般人的做法。

如果是根據過去的表現來遴選後繼者，說不定會出現不錯的績效也不一定。但這個人怎麼樣都在想要做出更好的業績，想要展現自己是更優秀的經營者，有時反而導致失敗。這種狀況也是有的。

我不會選擇這種喜歡耀武揚威的人，我一定會選擇真正謙虛、認真、好心的人。

問：如何順利交棒？

答：只要選定後繼者，告訴他你就是下一任社長就可以。像我這樣，自己創立公司，又是所有權者，又是經營者，很難找到後繼者，總是很難依賴後來的年輕人，很難有人來繼承。

總是認為自己很行，很難信賴後來的年輕人，所以很難有繼承人。但是還是非得找年輕人來繼承不可。

成立新公司的原則——選擇有責任感的年輕人

問：京都陶瓷，關係企業及子公司有一百八十幾家之多，你是根據什

麼樣的判斷基準，決定要開創子公司的呢？之後，你又如何確保他們成功呢？

答：我主要是選擇跟我一樣有經營責任感的人，犧牲自己的私生活，也要守著公司，讓公司發展的人。

就像以前的日本流行所謂中國的孫悟空，拔一根毫毛，吹一下，就可以變出很多分身，這樣在推展事業就很簡單。

我一直很努力在我的部下當中，找尋與培養跟我一樣想法、並且認真的經營者。一旦挑對部屬，培養到可以出師的時候，我就會讓他去創立子公司。

如果一直當社長、會長，用日本話來說，就是老害。就是由老人引起的禍害。結果是六十歲、六十二歲、七十歲等。自己所引起的禍害，自己都全然不覺。

與環境共存共榮

問：你對環境議題一直很關心，貴公司也一直強調要與環境共存共榮的哲學。為什麼會關心這樣的議題？

答：我們人類都不是只靠自己一個人來生存。每個人都要跟周邊的人共存。

至於企業經營不是只任意讓自己的公司好就好，也要注意與周邊交易對象的關係良好。所以要讓周圍的人喜歡你，也要讓周圍的人提到你的公司，會說你這家公司是好的公司，如果能夠這樣被認知，這樣才能讓公司變好、走的路變廣。

在地球的環境問題當中，人類任意生活，卻讓地球的植物、動物全部消滅，對地球無利、人類自然也無法在地球上殘留。

問：京瓷一直很強調變形蟲組織經營，在這麼不景氣的時代，變形蟲組織的經營又有何意義呢？

答：變形蟲經營的原點就是小團體的經營系統。這些小組織的全體成員都將自己看成經營者，全心全力地經營。

京瓷在全世界有六萬個從業員，這六萬個從業員不是只聽命一個最頂端的社長才動員，而是分成許多小單位，個別行動。分成許多小小變形蟲，這些小小變形蟲組織全體成員，都是跟社長一樣的思維，很認真地守護著公司。所以六萬個京瓷人，都有如同經營者一樣的意識，一起努力。

不景氣，人才還是最重要

問：在這樣的不景氣年代，你會裁員嗎？

答：專業人才、金錢、技術，只要有這三項要素，就有經營。然而，我想人才是最重要的。我年輕時，材料、金錢、技術，都不算充分。社員有二十八名。只要能夠將擁有素樸、開朗的心的人才齊聚一堂、大家團結，一定可以成就不凡的事業。

今天，京都陶瓷經營了五十年，產品做出來了，金錢也做出來了，技術也做出來了。

到目前為止，我最看重的還是人，尤其是社員的心，是最重要的。所以說，以前有所謂終身雇用的制度。在京瓷，我們一概不聘請臨時派遣員工，京瓷所聘請的全部都是正式社員。

人生要向前行，自己所持有的能力很重要。在工作熱情方面，我比一般人還高。我認為工作熱情比別人高的人，他的人生會比較順遂。

其次，是這個人的思考方式。這個人的心，究竟抱持什麼樣的想法是很重要的事。人生不完全靠能力來決定。

問：針對當前的不景氣，你最關心的事情是什麼？

答：現在大家最關心的是現今資本主義所應該呈現的方式。資本主義就這樣發展下去嗎？這是世界上的領袖都必須檢討的。要重新正式地思考資本主義。

問：創業以來至今，你最想做的事是什麼？

答：在企業以外的事，我沒有什麼私事想要做。我想要做的事是稻盛基金會正在做的「京都賞」（京都獎）。

另外就是「盛和塾」的事。盛和塾不只在日本，在紐約、洛杉機、舊金山、中國都有盛和塾。盛和塾想要教年輕的企業家們如何卓越經營。

第三件才是針對我個人想要做的事，那就是創造更安、更穩、更好、更美的心。更美的心之外，還要更美的心。並且以更美的心迎接自己的人生終點。

（莊素玉翻譯整理）

國家圖書館出版品預行編目（CIP）資料

稻盛和夫 工作的方法：了解工作的本質，實踐自我，從平凡變非凡的成長方程式／稻盛和夫著；彭南儀譯 . -- 第二版 . -- 臺北市：天下雜誌股份有限公司 , 2022.08

304 面；14.8×21 公分 . --（天下財經；468）

譯自：働き方

ISBN 978-986-398-790-1（平裝）

1. CST：職業倫理　2. CST：職場成功法　3. CST：人生哲學

198　111010561

天下財經 468

稻盛和夫 工作的方法

了解工作的本質，實踐自我，從平凡變非凡的成長方程式

作　　者／稻盛和夫
譯　　者／彭南儀
封面設計／DiDi
內頁排版／邱介惠
責任編輯／洪于琇、姚安琪、賀鈺婷
專書總編輯／莊舒淇
天下雜誌群創辦人／殷允芃
天下雜誌董事長／吳迎春
出版部總編輯／吳韻儀
出 版 者／天下雜誌股份有限公司
地　　址／台北市 104 南京東路二段 139 號 11 樓
讀者服務／（02）2662-0332　傳真／（02）2662-6048
天下雜誌 GROUP 網址／http://www.cw.com.tw
劃撥帳號／01895001 天下雜誌股份有限公司
法律顧問／台英國際商務法律事務所・羅明通律師
製版印刷／中原造像股份有限公司
總 經 銷／大和圖書有限公司　電話／（02）8990-2588
出版日期／2022 年 07 月 22 日第二版第一次印行
　　　　　2022 年 09 月 21 日第二版第四次印行
定　　價／420 元

書號：BCCF0468P
ISBN：978-986-398-790-1（平裝）

天下雜誌我讀網　http://books.cw.com.tw/